歷史傳奇裡，那些意想不到的細節

張佳瑋——著

帝王將相[illegible]，宮廷富貴但不保證安全？
俠客、[illegible]都是怎麼過日子的？
所謂偉[illegible]名，是當之無愧，還是名過其實？

李鴻章。張愛玲。
各是一代巨星的兩人，竟有著密不可分的血緣羈絆？

司馬懿能夠拿下曹家政權，靠的不是能忍多謀，而是出爾反爾？

有的歷史，精采絕倫；
有的傳奇，回味無窮，
有些故事裡的片段和正文一樣精采絕倫，一樣值得回味無窮，卻被遺忘了，或不被知曉。
網路文藝青年作家張佳瑋信手拈來史料無數，把沒記的、忘記的歷史細節點滴說來，為讀者拾起意外動人的記憶碎片。

序

我記得幼稚園時的某個春天，我被母親帶到紡織廠，放在寬廣的倉庫裡，山一般高的布匹中，請倉庫阿姨看著我，給我留下一堆廠圖書館裡借來、售價三毛八分一本的連環畫。每一頁一框圖，一幅可以意會的圖，或喜或怒，下綴淺近的解說文字。這是我最初的閱讀經驗：連貫的斷片圖畫描繪了歷史傳奇，綴成一個個令人熱血沸騰的故事——如我們所知，大多數的歷史連環畫，每頁圖多選擇了最戲劇性的瞬間，每一幅圖本身都堪稱傳奇。我學會了讀字之後，最初與我作伴的是《楊家將》、《說唐》以至於《三國演義》、《東周列國志》。於是我最初的幻想世界裡，滿是白馬銀槍、轅門刁鬥、沙場塵煙。每次讀金戈鐵馬讀緊張了，就抬頭看看：暑假的晴朗天色，很容易消解這種恐慌。就這樣，我讀過了《水滸傳》與《三國演義》，以及金庸的武俠小說——那時我當然不明白，《鹿鼎記》末尾韋爵爺如何在滿漢問題上難倒了黃黎洲等四名大家，《射雕英雄傳》結尾成吉思汗臨終時為何要自問是否英雄。我只是喜歡讀這些古代故事：塞北江南、青山綠水、衣袂長袖、刀鎗劍戟。

我印象中，第一次發現不大對，是某次讀到宋史裡，提及楊業的兒子楊六郎。我小時候聽的楊家將傳奇，都說楊令公家七郎八虎，楊六郎楊延昭排老六，他四哥還是京劇《四郎探母》的主角呢，他兒子楊宗保娶了穆桂英，生了楊文廣。可是《宋史．楊業傳》裡卻說，楊業的長子就是楊延昭——不是老六！楊延昭的兒子就是楊文廣，沒有楊宗保這人。那穆桂英哪兒去了？那麼，所謂四郎探母，所謂楊五郎楊延德出家為僧創立五郎八卦棍之類的故事，又是哪裡來的呢？

類似的事情，後來一再發生。比如：小時候評書裡，徐茂公是瓦崗寨的軍師，牛鼻子老道。

後來看兩《唐書》[1]，說李勣本名徐世勣，字懋功（茂公），十幾歲就出來闖天下，正經的唐朝名將，對東突厥和高句麗都很有戰績——好像不是老道？

小時候評書裡，李靖是個遊方道人。可是兩《唐書》裡，李靖李藥師李衛公，南北縱橫，南破蕭銑，北擊突厥，西征吐谷渾，無往不利——好像也不是道士？

小時候評書裡，尤俊達煽動程咬金劫皇綱，是條好漢。正史裡找不到這人。翻來翻去，

1 兩《唐書》：分別為後晉劉昫等人所撰之《舊唐書》和北宋歐陽脩等人所編的《新唐書》。

發現隋唐間有個人叫牛秀，字進達。牛進達——所以，是傳評書的老先生口傳心授時，把牛進達聽成了尤俊達？

小時候聽評書，我挺不喜歡蘇定方：這廝殺害羅成，他兒子蘇海還一直跟薛仁貴為敵呢——看看正史，蘇定方征討東西突厥，戰蔥嶺，征百濟，後來還補進了凌煙閣。好像也沒那麼壞？

好嘛，但他畢竟殺了羅成！我找找……正史裡，好像沒個叫羅成的。最接近他形象的是羅士信。不對啊，歷來隋唐評書裡，羅士信都是個二傻子啊！

黃仁宇先生在《中國大歷史》裡表達過個意思：他以為中國古來士大夫喜以史書說事，引經據典，訓詁考證。民間百姓卻更願意相信一些傳奇，因此而產生了一些認知的偏差。比如如上所述，史書上明白寫著楊延昭是楊業的長子，但絕大多數民間百姓說起來，多半還認為楊六郎是楊老令公的六兒子，被潘仁美坑害了——天曉得，歷史上並沒有潘仁美，倒是北宋確有名將叫做潘美的。

我猜許多普通歷史愛好者讀書的經歷，與我有類似之處吧？托爾金先生的名著《魔戒》裡有所謂：「有些不該被遺忘的事情流逝了。歷史變成了傳奇，傳奇變成了神話。」

傳奇二字，奇聞也，流傳也。一個歷史故事是否能被眾口相傳，往往取決於其過程是否有戲劇性，是否有足夠的矛盾，是否有足夠臉譜化的對立面。歷來許多歷史傳奇，最後都簡化為昏君奸臣、紅顏禍水、英雄奸賊、好人壞人，即我們普通百姓喜聞樂見的形式。因此，許多歷史細節因適合當談資而成為傳奇。比如：北宋張先寫詞幾十年，但現代普通百姓所知他最有名的逸事，是八十娶親時，蘇軾送他的那句「一樹梨花壓海棠」；《史記》裡只約略一提的虞姬，是任何楚漢傳說中無法忽略的女主角；唐伯虎究竟畫了什麼畫，一般人未必能脫口而出，他跟秋香所謂的三笑留情，倒是天下皆知。故此，許多流傳的歷史，與其說是史實本身，不如說多少變成了一種「人民喜聞樂見覺得講起來很有戲劇性」的故事。

我們大多數普通人對歷史的瞭解，往往基於源自歷史的傳奇故事；而許多傳奇，如上所述，摻雜了傳遞者與講述者對歷史的主觀看法，被傳頌改編的傳奇越多，這種普通人喜聞樂見的看法就越重。我們總會下意識地相信帶有傳奇色彩的歷史，淡忘枯燥乏味的細節，歌頌史書上的英雄，鞭撻史書上的奸賊。當然，也難免有出於逆反情緒者，要為歷史所謂的反派人物翻案。

但史實人物，許多是比我們想像中的更複雜，也更了得的。

鐘惺先生曾寫了首《鄴中歌》說曹操，結尾是，「書生輕議塚中人，塚中笑爾書生氣」。普通歷史愛好者如我，開始總會覺得，歷史上的人物功過是非一目瞭然，臉譜套上容易理解；但瞭解得稍多一些，瞭解歷來事情的成因，便覺得一環扣一環，似乎沒那麼簡單。

如果將一些細節補上，許多傳奇多少會少一點兒熱血，卻變得更深沉，更無奈。

大多數留名歷史的人，如果將他們還原為一個人，而非一個喜聞樂見的臉譜形象，也許對他們的觀感，能多少有所不同吧？

目錄

輯一 君王天下事

輯二　為臣殊不易

輯三　生前身後名

輯四　時用則知物

輯一

君王天下事

劉邦的天才

《三國志．先主傳》說劉備知人待士，有高祖之風英雄之器。這就不免讓人好奇了：高祖之風是個什麼風？漢高祖劉邦自己，又是怎麼用人的呢？

按《史記．高祖本紀》說劉邦：「仁而愛人，喜施，意豁如也。常有大度。」雖然也說他「慢而侮人」，估計嘴上經常不乾不淨，但劉邦性格仗義寬厚，出手慷慨，大大咧咧，想必是沒錯的了。

也有人疑惑：劉邦運氣真好，怎麼起家之際，家鄉沛縣的販夫走卒、縣吏蕭何、管監獄的曹參、趕車的夏侯嬰、小販灌嬰、殺狗的樊噲和織簾子的周勃，各個在他手下神武天縱，打得天下英雄屁滾尿流呢？一個小縣城雲集了這麼多天才，這是啥概率呢？

倒未必是劉邦運氣好，而在於他確會用人。這不，先前在項羽手下不甚得志的韓信與陳平，到劉邦手下，都成就了不世功名嘛。

劉邦自己得天下後，曾擺酒飲宴，跟群臣總結過：連兵百萬縱橫天下，他不如韓信；轉輸軍糧坐鎮後方，他不如蕭何；運籌帷幄決勝千里，他不如張良。總結自己的大優點，就是懂得用人，造就了這漢初三傑。這一點，韓信也是認可的，他曾說劉邦：「陛下你不善帶兵，帶個十萬兵就是極限了，我倒是帶兵多多益善；但陛下你好在善於帶將領，善於用人。」

當然也得說一句：劉邦雖然自稱哪兒哪兒不如三傑，但他本人的能耐，那其實也是過硬的。

話說劉邦初起兵時，只有蕭何、曹參、周勃和樊噲一群人，也算打出了聲望。沒有得韓信之前，劉邦也是入咸陽，為漢王，是一方諸侯。項羽死後，韓信被兔死狗烹了，劉邦還是帶兵出征，幹掉了英布與陳豨，平定四方，那是憑自己的本事。

英布後來謀反時也說過，自己所畏懼的，只有韓信、彭越與劉邦而已。韓信和彭越已死，劉邦老了，不怕了，那就反吧——英布先前是項羽麾下第一猛將，歸漢後也是三王之一，非常能打，猶且忌憚劉邦。所以論打仗，劉邦在同時代，怕只是不及項羽和韓信而已，不失為名將。論籌謀，劉邦還是可以平定項羽之外諸藩的。

當然，再能打，終究也不過如項羽韓信，一時成王。劉邦能開漢一朝，終究還在用人御下與權術。韓信從劉邦前，不過一個衛士；蕭何從劉邦前，不過一縣吏；張良從劉邦前，也沒什麼運籌帷幄的成績；夏侯嬰不過車夫；灌嬰不過小販。這些人得以出將入相，名垂後世，而且始終對劉邦死心塌地，劉邦自有他的法子。張良就承認過：劉邦的才能是天授，非人力所為。

眾所周知，劉邦私下裡，頗為傲慢無禮。沒事就箕踞，伸著兩長腿。初次見酈生[2]和英布時，都在慢悠悠地洗腳，擺足了臭架子。這得多討厭吶。

但就從洗腳說起。

劉邦對酈生這種老儒，前倨後恭，先是洗腳擺譜；聽酈生說話有道理，趕緊起來穿衣穿鞋，給酈生謝罪，這就收了酈生的心。初見英布這匪類出身的梟雄，劉邦先是洗腳，折英布的傲氣，再送宮室美人，讓英布從低谷中窺見天堂，心情愉悅，這就攝了英布的魂。

對儒生，劉邦待以禮；對匪類，劉邦待以利益。真是對症下藥，下得精準。

談到利益，是劉邦最聰明的一點。太史公總結一句「喜施」，劉邦出手慷慨得很，這可是大優點。先前韓信初見劉邦時，便總結過：「項羽待人仁厚，但不肯賞，把個印信摸來摸去，都摸舊了，還是不捨得給。您雖然勇悍仁義都不如項羽，但捨得封賞。」

彭城兵敗後，劉邦跟張良說話：「關東之地我不要了，都拿去封賞人，誰能跟我一起幹掉項羽？」於是開始對韓信、英布與彭越三位大將撒封賞。

韓信後來問劉邦討封做假王，暫懾齊國。劉邦那個臭脾氣，當即開罵；被張良和陳平踩了腳，立刻改口：「大丈夫當王就要當真王，當什麼假王！」於是封了韓信作齊王。

垓下之戰前，韓信和彭越獅子大開口，跟劉邦開條件：要當楚王，要當梁王，劉邦雖然肉疼，依然抬手給了；英布的淮南王，那也是眼都不眨——至於之後兔死狗烹，把諸王都給幹掉了，那是後話了。

當然，還不止如此。

《史記》裡寫到樊噲的戰績，有一串列表：

從攻胡陵、方與，還守豐，擊泗水監豐下，破之。複東定沛，破泗水守薛西。與司馬戰碭東，卻敵，斬首十五級，賜爵國大夫。常從，沛公擊章邯軍濮陽，攻城先登，斬首二十三級，賜爵列大夫。複常從，從攻城陽，先登。下戶牖，破李由軍，斬首十六級，賜上間爵。從攻圍東郡守尉於成武，卻敵，斬首十四級，捕虜十一人，賜爵五大夫……

很枯燥，但您不妨想一想：這時劉邦沒稱帝，沒稱王，充其量就是個流浪軍閥，而樊噲的戰績資料，歷歷在目，可見是功勞簿記得清楚，用來封賞的。

2　酈食其：陳留高陽（今河南開封杞縣西南方）人，性嗜酒，自稱「高陽酒徒」。

可以想見，起兵初期，諸事草率，大家打到哪兒算哪兒，可劉邦依然沒忘記錄諸將功勳，好論功行賞。最後販夫走卒、車夫屠夫，都積累功勞，成了西漢開國元勛。甚至後來項羽自盡，五人分奪其屍體——此事細想很猥瑣——劉邦果真把五人分別封侯，也算是言出必行。

劉邦何以能得諸將死力？皆出於此。

劉邦自己說了是會用人，然而用人說到底，無非是排崗位，給許可權，明賞罰罷了。設想你是樊噲，跟了一個老闆，企業草創時，他就把做為屠夫的你的每一點成績都記錄下來，予以封賞，你又怎會不去努力磨練武藝，成為天下猛將，好繼續拚搏？

——這就是樊噲等人在劉邦手下用盡死力的拚搏緣由了。至於劉邦對韓信們秋後算帳，那是後話。至少西漢開國時異姓封王，平民封侯，自古及今，做得到的朝代，也並不算多。

劉邦逝世近半個世紀後，竇太后去跟漢景帝念叨，要他封皇后的大哥王信為侯，太尉周亞夫——他爸爸周勃當年是個織簾子奏哀樂的，跟著劉邦封到絳侯，還平定了呂后親戚鬧的亂子，保衛了漢朝正統；周亞夫自己則是硬生生靠戰功起來的爺們兒——就義正詞嚴，搬出了劉邦當年的訓誡：「非劉姓不得王，非有功不得侯；不如約，天下共擊之。」

他說此話時，劉邦已故世多年，而漢景帝猶無從違背。可見西漢初，軍功確實可以比貴族血統更重要。

《史記．衛將軍驃騎列傳》有這麼段文字：「校尉李朔、校尉趙不虞、校尉公孫戎奴，各三從大將軍獲王。以千三百戶封朔為涉軹侯，以千三百戶封不虞為隨成侯，以千三百戶封戎奴為從平侯。」班固在《漢書》中則簡略道：「校尉李朔、趙不虞、公孫戎奴，各三從大將軍。封朔為涉軹侯，不虞為隨成侯，戎奴為從平侯。」

論敘述簡潔，自然是班固好些，但太史公那一段，大有從詔令中直搬出來的堂皇效果。三個「以千三百戶」，表達封侯的榮耀，赫赫揚揚啊。

這裡又不免得說到劉邦的首席謀士張良了。

張良與劉邦合得來，眾所周知。而《史記》裡有一段二人論述功臣的問題，極為精彩。先是酈生那老儒生腦子鏽了，勸劉邦立六國的後代為王，各國復興後，一定可以幫襯劉邦打項羽。劉邦就聽了。

張良趕緊過來勸，說了一段千古名言，大意是：

> 你現在兵力不夠強，就算立了六國之後，他們服你嗎？
>
> 再者說，你手下那些人背井離鄉跟你混，就是求一點兒利益。你把六國都封了人，拿什麼來封你的手下？誰還跟你？

劉邦聽了，氣得東西也不吃了，大罵酈生，從此再不提裂土封貴族後裔的事了——把王爵留給了韓信、英布、彭越這些猛將。

劉邦出於市井，熟知人的劣根性。大家跟著你，你得讓大家覺得有奔頭；你對大家好，物質上不吝惜，自己又百折不撓，大家就覺得有盼頭了。

大體上，人是得吃飽喝足，才能談高尚的。

項羽對屬下寬仁，但有功不賞，這只滿足了屬下的精神；劉邦罵罵咧咧，粗枝大葉，但該賞就賞，屬下有利益可圖，於是奮鬥不休。西漢之所以能靠一群草根開國，就是靠劉邦這股子不看血統看成績、實打實開賞的精神啊。

世上有兩類領導：一類優雅雍容，給你畫天大的大餅，讓你覺得自己活著有意義；一類並不畫大餅，而是跟你一起，百折不撓地吃大餅。

前者適合大家吃飽了飯，可以談理想、談情懷的環境；後者卻可能獲得一些最真誠熱血的追隨呢！

項羽神勇，千古無二

李晚芳先生在《讀史管見》裡說：「羽之神勇，千古無二。」太史公以神勇之筆，寫神勇之人，亦千古無二。羽者，項羽也。

太史公寫《項羽本紀》時，因為情感傾向，不免誇張。設若太史公所寫皆為真，則項羽的戰績，著實匪夷所思。

項羽「力能扛鼎」，這是史書原話。江東起兵時，項羽殺會稽郡守殷通，又親手斬殺百人，這是勇力。

項羽跟隨叔叔項梁四處征戰，所向無敵。初次遭遇秦將章邯時，就給了他下馬威——章邯此前自擊破陳勝麾下大將周章後，縱橫關東，打得各地諸侯嗷嗷叫，卻敗給了項羽。後來章邯突襲定陶，斬項梁，那也是趁著項羽不在的時候。

鉅鹿之戰，章邯軍二十萬，王離軍二十萬，項羽軍五萬。結果項羽以著名的「破釜沉舟」渡河作戰，九戰九勝，擊破秦軍。秦軍圍城三部王離、涉間、蘇角全潰，李良戰死。

從此，項羽被尊為諸侯聯軍統帥——時年二十五歲。

項羽主持分封天下十八王之後，齊國田榮不服，鬧將起來。項羽東進，西邊劉邦出關，聯五國諸侯，號稱五十六萬人攻楚國，占彭城。項羽遂以三萬軍南下，自西突襲彭城，一路追殺，漢軍被殲十餘萬，淹死十餘萬。劉邦當時那個狼狽啊，老婆孩子都丟了。

劉邦當時跟張良商量，關東之地不要了，都分封掉，用來搞定項羽——可是分封給誰呢？張良便讓他善用三傑：韓信、英布、彭越。

然而張良舉薦這三傑，並不能獨當項羽。此後漢的策略，其實是四面圍擊：彭越在東線項羽背後騷擾；英布在東南折騰；韓信先渡黃河破魏拿下山西南部，然後背水一戰破趙，再破燕代進軍河北，然後取齊拿下山東，殺項羽大將龍且，那是北線。劉邦自己帶人，在三川南陽一帶，死撐項羽的中原攻勢。

其間劉邦與彭越，分別被項羽擊走多次。彭越腳底抹油，來去無蹤；劉邦則用了諸如紀信替死、扔掉老婆孩子、「分我一杯羹」等青史留名的法子，死抗住了項羽。終於熬到東西南北四面合圍，尤其是韓信在北方的節節勝利，合圍將成，項羽求和。楚河漢界劃完了。

楚河漢界一定，劉邦覺得自己兵力有優勢，追擊過去，想撈個現成便宜，結果固陵之戰，項羽一個回馬槍，把劉邦捲了。

之後劉邦才咬牙：封王！大肆封王！韓信、英布、彭越等人開的條件，劉邦全部答應。於是垓下大軍會合，超過三比一的兵力優勢，合圍了項羽。

垓下之戰，眾所周知：

此前戰無不勝的韓信親自率三十萬為前軍，孔聚與陳賀在左右，劉邦在後，周勃、柴武等再在後。

韓信初戰後退，楚軍追擊，漢軍左右翼發動，彭越、英布、劉賈、周殷一起大軍合圍，楚軍敗北。

然後就是傳說中的四面楚歌，霸王別姬。項羽潰圍南走，還演出了一場著名的二十八騎破圍。終於到了烏江，「天亡我，非戰之罪也」，然後徒步殺人。「獨籍所殺漢軍數百人。」最後自刎。

項羽在東城以二十八騎潰圍前，如此自吹：

吾起兵至今八歲矣，身七十餘戰，所當者破，所擊者服，未嘗敗北，遂霸有天下。然今卒困於此，此天之亡我，非戰之罪也。今日固決死，願為諸君快戰，必三勝之，為諸君潰圍，斬將，刈旗，令諸君知天亡我，非戰之罪也。

起兵八年，七十餘戰，沒輸過——他這話其實有點兒吹牛。垓下不是剛輸了嗎？

但先前鉅鹿之戰，項羽以五萬破了起碼二十萬秦軍；彭城之戰，三萬破五十六萬。他在河北的對手章邯，這輩子縱橫天下，打破各路起義軍，也只輸給了項羽，以及後來的韓信。

他的老對手劉邦，這輩子縱橫天下，最後稱帝。當時除了韓信和項羽，也就是他最厲害了。畢竟英布自己後來謀反時說過，他忌憚的只有彭越、淮陰侯（韓信）和劉邦而已。英布自己勇冠三軍，彭越更是老兵油子江湖梟雄，這批亂世豪傑加上劉邦，還必須分進合擊，靠人多合圍項羽取勝。這其中尤其是韓信，用兵如神，自稱多多益善。破魏滅趙，徇燕定齊，縱橫列國，天下無敵，千古僅見。可是垓下之戰初期，以三比一的優勢兵力，還是免不了先後撤再合圍。當然我們說，項羽的戰略眼光和用人，那實在是不怎麼樣。劉邦後來也說了，自己能用三傑而項羽不懂用人，所以自己能得天下。但由此才顯得項羽格外可怕。

中華千古，猛將勇士極多。關羽萬軍斬顏良，楊大眼[3]號稱關張之勇，李存孝[4]們都有亂軍突陣的戰績，岳飛年少時也長槍刺殺過敵將黑風大王。但如項羽這樣，靠天生勇武引領大型會戰，靠正面強攻癱瘓一個王朝，多次以少戰多，打得劉邦、英布、章邯、彭越這種當世豪傑四處躲的，確實也沒有第二個了。

項羽的勇武與韓信的兵略、張良的智計、蕭何的籌謀和劉邦的用人，那是互相依存的，都是秦末漢初的奇絕之才。所以我們不妨從這角度想：

項羽的武勇，那是得靠劉邦千古罕見的用人之才，加上漢初三傑各自名垂青史的卓越才能，才能合力拿下的。如果項羽之勇不是千古無二，那就間接讓漢朝開國的光輝，都暗淡了呢。但項羽的問題，也就在於少年悍勇——畢竟他過世時，才三十一歲。

滅秦之後，項羽本可以定都關中，但年輕氣盛，「富貴不歸故鄉，如衣繡夜行」，回彭城去了。相比起來，劉邦定天下後，就定都了關中，以便「東制諸侯」，據險憑守。劉邦的老爸懷念故鄉豐，劉邦就給他造了個新豐——但並沒跑回老家去定都。

項羽不想被楚懷王義帝掣肘，於是殺了他；劉邦卻撿起了義帝，為他發喪，以此獲得了聯合諸侯討伐項羽的藉口。

項羽感恩圖報，用的除了親戚勛貴，就是曹咎與司馬欣這類救過他叔叔項梁的舊恩人。

3 楊大眼：武都（今屬甘肅）人，北魏時期名將。
4 李存孝：原名安敬思，代州飛狐（今山西靈丘）人，唐末五代時期名將。

而劉邦用人唯才，封賞果斷——大不了以後再把異姓王一一剷除就是。

所以到最後，年少氣盛的勇悍，不敵老辣持重的算計。

世事往往如此。

劉備之仁

魯迅先生在《中國小說史略》裡，說《三國演義》，「欲顯劉備之長厚而似偽，狀諸葛之多智而近妖」，說得很是，卻也不難理解其中的苦衷：畢竟《三國演義》是小說，不是教科書。羅貫中先生是個好小說家，也沒法在面向百姓的小說裡，描述諸葛亮如何用心平而勸誡明，如何有撫民之幹、理戎之才。讓諸葛亮沒事放個火，禳個星，借個東風，玩個錦囊，不是更有傳奇色彩？同理，羅貫中描述劉備之仁，也就讓他哭鼻子，丟孩子，打仗靠兄弟，經常裝孫子。以至於看《三國演義》多的，都會覺得，劉備的天下，那是哭出來的。

然而並非如此。

《三國志．先主傳》裡，只有一處描寫劉備哭泣：

乃駐馬呼琮，琮懼不能起。琮左右及荊州人多歸先主。（《典略》曰：備過辭表墓，遂涕泣而去。）比到當陽，眾十餘萬，輜重數千兩，日行十餘里，別遣關羽乘船數百艘，使會江陵。

原來曹操南下襲荊州，荊州原來的當家劉表已死，他兒子劉琮要投降。寄居劉表麾下的劉備被人建議：奪取荊州，對抗曹操。劉備不肯，去找劉琮談，劉琮不見他，劉備便哭泣辭別了劉表墳墓，走了。十餘萬人跟著他走，日行十餘里，背後是曹操精騎一日一夜行三百里追殺而來——怎麼看，劉備這都是自殺行為。

這就是《三國演義》裡所謂的攜民渡江。

劉備在劉表麾下數年，劉表對他不算壞，但也不算好。按說劉備不欠劉琮什麼，但旁人要劉備強取荊州，劉備說：「不忍心。」一生死之際，還是沒對劉琮下手。去辭別劉表墓，流了眼淚，挺真誠的了。荊州即將歸屬曹操，於是十餘萬人願意背井離鄉跟劉備走。古代人安土重遷，為什麼肯跟劉備走？因為他仁義。劉備回饋了這份仁義：他跟著大家一起走，日行十餘里，即便曹操在背後追殺他。這事上，很明白：劉備善良、敦厚、質樸、仗義。

劉備不太愛讀書，卻喜結交江湖豪俠。劉備的哥兒們關羽和張飛也都不是傳統讀書人，都是闖社會的熱血男兒，當時如關、張這樣追慕劉備的熱血漢子，真不少。是所謂：

先主不甚樂讀書，喜狗馬、音樂、美衣服。身長七尺五寸，垂手下膝，顧自見其耳。少語言，善下人，喜怒不形於色。好交結豪俠，年少爭附之。

劉備麾下有個彭羕，後來勸馬超鬧事時，如此說劉備：「老革荒悖。」——老革，老兵油子。這個定位，很是準確。劉備骨子裡，是個老兵，甚至可算個老雇傭兵，在局部戰場，非常能打。遇到諸葛亮之前，劉備沒有自己的基業，依然縱橫中原。公孫瓚、陶謙、呂布、曹操、劉表等各家諸侯，都希望他當自家的雇傭兵。後來劉備與諸葛亮相遇，照《隆中對》[5]操作，天時地利人和，有了自己的基業，那就厲害了，赤壁和漢中兩戰，曹操都沒再能占他便宜。甚至間接令他逝世的夷陵之戰，那也是以少打多，開場占便宜，打得吳國陸遜初期採取守勢呢。

故此不難明白，劉備一個老兵，性子自有倔強強悍的一面。他也打人，比如《三國演義》裡著名的鞭打督郵，正史上是他自己幹的，羅貫中在小說裡，把這事栽贓給了張飛。

5《隆中對》：又稱《隆中三策》、《草廬對》，是指劉備前兩次到隆中拜訪諸葛亮都沒見到，終於在最後一次得以會面後的談話內容。

但劉備大體是仁義的：講義氣，待人好。

年輕時的劉備，簡直是個東漢活雷鋒，哪裡需要，就去哪裡行俠仗義。

袁紹打公孫瓚，劉備和田楷去幫熟人公孫瓚站隊；曹操打徐州時大肆屠城，劉備身邊只有千餘兵，卻也義不容辭地來徐州幫忙對抗曹操。

雖然做過對手，但後來曹操與袁紹都喜歡劉備，都接納過他，不為了劉備是漢室宗親——那會兒漢室宗親遍地都是，曹操麾下謀士劉曄都是漢室宗親——而是因為劉備這人，真講義氣，真給勁，而且，確實挺能打。

劉備先後歸附過許多人，卻也沒有回頭對誰捅過刀子。在亂世，這就很難得了，許多人就做不到——比如呂布就是反刺慣犯。

劉備先後打過許多仗，但沒屠過城。在亂世，這就很難得了，許多人就做不到——比如曹操就是屠城慣犯。

劉備一生顛沛，從河北到山東，從河南到湖北，從湖南到四川，到處跑。但他對老部下，不管是河北的山東的，河南的湖北的，湖南的四川的，都不離不棄。

你死了，他為你報仇（關羽）。

他死了，什麼都交託給你（諸葛亮）。

你被迫投降別國了，他也不計較，還體諒你的苦處（黃權）。

你弟弟犯事了，他也不會追究你（糜竺）。

你出身行伍，照樣有機會升高位（黃忠、魏延）。

你一開始工作不努力，但只要有宰相之才，他還是能用好你（蔣琬）。

他會直白地表露對虛名之士的不滿（許靖），所以手下許多都是靠實在成績拚上來的人。跟著他，難富貴，很危險，要到處跑，只是大概你能落得個跟領導同甘共苦，而且得個善終，不用擔心他在你死後說什麼便宜話。

回到攜民渡江這件事。

劉備不襲荊州，是放棄了最好的求生之路；帶著百姓慢慢走，是自己跌進了大危險。按說他的最好方略，是急行到江陵以求自保，但劉備卻說：「夫濟大事必以人為本，今人歸吾，吾何忍棄去！」

劉備是個倔強有脾氣的老兵油子，但他不是個殘忍的人。在你死我活的亂世，不殘忍，就是仁了。而且劉備的心理素質，著實是好——不是好在聽見曹操說「天下英雄，使君與操」時掉了筷子，而是他在生死之際，曹操的鐵騎在身後追來，他還是堅持自己的善良原則，帶著百姓們一起慢慢走，不離不棄。

東晉史學家習鑿齒說劉備：「先主雖顛沛險難而信義愈明，勢逼事危而言不失道。」

滄海橫流方見英雄本色。當劉備生死之際，還是個君子，那就是真君子，不是偽君子了。

李淵、李世民與玄武門之變

史書說玄武門之變，一般就說到李世民殺兄與弟，李淵大驚，很快把位置傳給了李世民。大家往往慨嘆：世民的確英明，但也真狠辣。

哪位會問了：李淵的兒子死了，只是少了儲君而已，又何必忙著傳位呢？反過來，李世民如此一不做二不休的狠人，會如此淺嘗輒止？殺完兄弟，等爸爸傳位？

且說武德九年夏天，李世民因為軍功卓著，已當過三公之一的司徒、尚書令與中書令——後兩個實際上是宰相了——以及可以開府的天策上將[6]。到此已然功高震主，且有自己的派系班子。

6 天策上將：唐高祖李淵認為當時的李世民已位列極高，封無可封，便特設此職位，正第一品，負責內外的軍事作戰，並設立天策府，為武官官府之首。

太子李建成與齊王李元吉，聯手跟李世民鬥，已非一日，朝廷內部紛紛站邊，已到你死我活的境地。

兩年前的武德七年，李淵跟李世民說過一個建議。鑒於在長安這麼兄弟鬥下去，遲早出事，所以：世民你去洛陽吧，自己建天子旌旗。

李淵這個提議是真心的嗎？不知道。但一般天子話說到這分上，「要不要我讓你去東邊當皇帝啊？」無論當兒子還是當臣子，情況都很尷尬了。

到武德九年，李世民勢力已經很大了。建成與元吉那邊，也開始有動作，對付李世民那派將軍了。尉遲恭一度被陷害下獄，程知節（我們熟知的程咬金）要被外放康州刺史，房玄齡、杜如晦已遭放逐。到武德九年初夏，李元吉已謀劃將李世民麾下大將尉遲恭、程知節、段志玄和秦叔寶，一起拿到自己麾下。

到此地步，你死我活了。

玄武門之變前夜，房玄齡、杜如晦和尉遲恭是偷偷摸摸到秦王府的，於是策劃動手了。別怪世民狠，奪儲之爭一開，就談不到兄弟，而是你死我活的較量了。

李世民首告，說建成元吉與妃子私通亂倫，李淵答應說，六月初四審問此事。此時建成和元吉應該不知道，李世民已經策反了玄武門總領常何。

一般史書都說：武德九年六月初四，李世民率領一堆人先入朝，在玄武門伏兵；李淵將裴寂、蕭瑀、陳叔達、封德彝、裴矩等召來，準備仲裁；建成和元吉來到玄武門，發現不對，調轉馬頭。李世民趕來呼喚。李元吉要射世民未遂，世民先射建成，因為建成是太子，他才是第一目標啊。

之後尉遲恭射殺元吉。建成的太子府諸將開始進攻玄武門，還意圖攻擊秦王府。尉遲恭拿了建成和元吉的首級給太子府的人看，太子府的人崩潰了。

這些情節，史書一般不加諱言：李世民殺了兄弟。

那麼，李世民怎麼處理父親的？

《舊唐書》很簡單：「六月庚申，秦王以皇太子建成與齊王元吉同謀害己，率兵誅之。詔立秦王為皇太子，繼統萬機，大赦天下。」——李世民誅殺建成和元吉，李淵於是立李世民為太子。

《新唐書》詳細些。李淵的角度：「庚申，秦王世民殺皇太子建成、齊王元吉。大赦。癸亥，立秦王世民為皇太子，聽政。」李世民的角度：「九年六月，太宗以兵入玄武門，殺太子建成及齊王元吉。高祖大驚，乃以太宗為皇太子。」——沒說建成和元吉害世民，卻說李淵大驚，才立了李世民為太子。

為什麼高祖大驚後，要立刻立太宗為皇太子呢？

《資治通鑑．貞觀十七年七月》與《唐會要．卷六十三．史館雜錄》都提過一點：李世民看了史官直書的玄武門之變，很不滿意，給房玄齡說了一堆指導意見，要改史書。

即，我們現在看到的玄武門之變——世民殺兄弟——依然不是完全的真相，是比較溫和的說法。

好，我們看《資治通鑑》比較溫和的原文，世民是怎麼對付父親李淵的？

上方泛舟海池，世民使尉遲敬德入宿衛，敬德擐甲持矛，直至上所。

上大驚，問曰：「今日亂者誰邪？卿來此何為？」

對曰：「秦王以太子、齊王作亂，舉兵誅之，恐驚動陛下，遣臣宿衛。」

上謂裴寂等曰：「不圖今日乃見此事，當如之何？」

蕭瑀、陳叔達曰：「建成、元吉本不預義謀，又無功於天下，疾秦王功高望重，共為奸謀。今秦王已討而誅之，秦王功蓋宇宙，率土歸心，陛下若處以元良，委之國務，無復事矣。」

上曰：「善！此吾之夙心也。」

時宿衛及秦府兵與二宮左右戰猶未已，敬德請降手敕，令諸軍並受秦王處分，上從之。

天策府司馬宇文士及自東上閤門出宣敕，眾然後定。

上又使黃門侍郎裴矩至東宮曉諭諸將卒，皆罷散。

上乃召世民，撫之曰：「近日以來，幾有投杼之惑。」

世民跪而吮上乳，號慟久之。

還原現場。李世民在外頭殺兄弟時，李淵在海池泛舟——明明是要帶重臣們仲裁兒子，為什麼要在海池泛舟？

世民讓尉遲恭去宿衛，尉遲恭披甲帶兵器，到李淵面前——戰鬥在宮外，尉遲恭進宮去宿什麼衛？還帶兵器去？

所以李淵也問了：「你來幹什麼？」尉遲恭回答了。

李淵問左右該怎麼辦，群臣很聰明，「建成元吉本來沒啥功勞，秦王已經把他們殺了，陛下只要把國務委託給他，就沒事了」——提問：把國務委託給世民和沒事（無復事矣），有啥必然的連繫嗎？

李淵趕緊說，是啊我一直這麼想，尉遲恭又請李淵寫手敕，李淵「從之」——李淵不肯的話，尉遲恭會怎麼辦？

這大戲演完了，世民才進來了，李淵安撫他，世民就哭了。

請注意，這還是說得比較溫和的。二十世紀敦煌出土的《唐太宗入冥記》雖是虛構作品，卻有這麼句話：「問大唐天子太宗皇帝在武德九年，為甚殺兄弟於前殿，囚慈父於後宮？」

囚慈父於後宮？唉。

所以囉，真相更可能是：

世民入玄武門埋伏兵馬對付哥哥弟弟的同時，已經派人將李淵請到海舟上去了。殺了哥哥弟弟，世民自己不出面，讓尉遲恭披甲持刃去見李淵，把情況說明白了——這時候的尉遲恭，披甲持刃一身血，也許還提著建成元吉的人頭，去見李淵。

李淵問群臣怎麼辦，群臣很聰明啊，趕緊說事情都這樣了，把國務委託給世民就沒事了——就安全了。

李淵就認了。尉遲恭問他要手敕，那就大局定了，李淵從了。

李世民出來哭，父子又好了。

李世民是一代英主，但做事素來不手軟。玄武門之變是你死我活的鬥爭，他不可能殺了哥哥弟弟，剩下的讓父親自己處置。「囚慈父於後宮」這句話有點兒誇張，但世民的確是得到了該得到的東西後，才會罷手。

玄武門之變三天後，世民為太子，而且得到了所有軍政處理權，成為大唐實際掌權人。

九天後，李世民的大功臣屈突通鎮守東都洛陽，從此關東也不會有異變了。李世民的手下都得到了封賞，尤其是讓李淵大驚的尉遲恭。《舊唐書》裡李淵說尉遲恭「卿於國有安社稷之功」，好大的功勞。

十二天後，李淵第一次表達了退位的想法：「朕當加尊號為太上皇。」

一個月後，秦叔寶、程知節、尉遲恭封將軍；又三天後，高士廉、房玄齡、長孫無忌、杜如晦等人分別宰相、尚書地上任了。

世民的人已經完全控制軍政大權。

這時李淵傳不傳位，還有啥區別嗎？

玄武門後兩個月，世民登基，這只是最後的結果。而一切早在玄武門之變那天，就已塵埃落定了。

這裡可以展開一下，回溯唐朝如何開國，李淵與李世民父子，各自扮演了什麼角色。

按唐統一戰爭，主要發生在西元六一八——六二四年。

唐初據山西與長安，然後向西平定關中破薛家父子，回馬山西平定劉武周、宋金剛，東向破王世充得河南，順手破竇建德影響關東、河北大局，破劉黑闥初定關東——到此為止，全是李世民為主。

李孝恭與李靖南破蕭銑與輔公祏，杜伏威定李子通和林士弘歸降，李建成定劉黑闥於關東。至此中原初定。

說李世民是唐開國最銳利的劍，毫無問題。妙在他的打法，堪稱中國歷史上的防反追殺王。

李世民打過四大戰役：淺水原破薛家父子、柏壁破宋金剛劉武周、虎牢關一戰擒二王拿下王世充與竇建德，又打走劉黑闥。四場大戰裡，有三場是靠靜如處子，動如脫兔的對峙反擊。

六一八年秋天第二次淺水原大戰前，李世民與西秦薛家僵持兩月，西秦已缺糧。李世民之前不理宗羅　的挑戰，此時先以麾下梁實誘敵，再用龐玉牽制，李世民得到機會包圍夾擊，再親自帶數十騎突陣。打贏之後，一不做二不休，一口氣追殺，直到薛仁杲投降，一舉定了西方。耐心堅韌、果斷出擊、速度機動、個人的勇武、追擊的果決，都在裡頭了。

六一九年十一月，柏壁，李世民開始與宋金剛對峙，繼續耗糧。其間在美良川和安邑兩次截擊尉遲恭，那大概是秦叔寶和尉遲恭這對門神的初次對決。

到六二〇年四月，宋金剛糧盡退兵。李世民不眠不休追擊兩天，一日八戰，三日不解甲。打到宋金剛崩潰，尉遲恭投降，又是耐心加果斷然後斬盡殺絕。對峙小半年，奔襲就三天。

虎牢關之戰。六二〇年夏天，李世民東征王世充，耐心蠶食，到六二一年春天，李世民包圍洛陽，圍點打援。竇建德自河北來，李世民奔襲虎牢關，再次跟竇建德相持了一個月。之後廣武誘敵，竇建德出擊，李世民待敵；中午，李世民反擊，三千騎衝陣，一戰破之，追擊三十里，活捉竇建德。回馬取洛陽，一戰基本定下了河南和河北大局。所依仗者，還是耐心加果斷然後斬盡殺絕。

乘勝追擊不可怕，可怕的是此前的耐心。

考慮到打這三戰時，李世民是二十歲到二十二歲之間，再考慮到李世民自己到年老時都是個容易動感情的性格，則他的自制之強、內心之堅，匪夷所思。

說他對大唐功高蓋世，並不為過。

雖說李世民是大唐最銳利的劍，但執劍的手，還是李淵。

劉邦定天下時論功，許多人說曹參身上七十多處傷，攻城掠地無算，功勞當排第一。

但劉邦堅持坐鎮後方的蕭何功居第一。劉邦吹噓說：蕭何坐鎮後方，轉輸軍糧，是所謂功人，負責指明獵物；諸將皆功狗，負責捕獲獵物。李淵就是李世民堅實的大後方。

當然，李淵不只是大後方那麼簡單。

比如，李淵起兵的時機很雞賊[7]。六一三年楊玄感起兵反對隋煬帝時，天下已經擾亂，但李淵沒趁機跟著鬧。當時群雄紛起，如翟讓、孟海公、竇建德、李密、徐圓朗、蕭銑、薛舉、劉武周、梁師都和朱粲們——這些名字在各色隋唐評書裡可都是威名赫赫，是所謂「十八路反王」——都起來鬧了。李淵是熬到六一七年才起兵，其間招納人才，安排親族，招降流亡勢力；打的旗號也不是推翻大隋，而是勤王定亂：「鄉親們！我不是要反對大隋！是天下太亂了，我出來定亂來了！」

出手晚不怕，後發制人得及時。

起兵前，李淵先跟突厥示好，獲得突厥的支持，再跟當時瓦崗勢力的梟雄李密客客氣氣，請李密去關東跟另兩大勢力王世充與宇文化及狗咬狗。李淵明明比李密大十六歲，卻在書信裡稱呼李密是兄長。李密在關東跟對手打得兩敗俱傷，李淵自己慢慢平定西邊，最後李密完蛋了，只好來投李淵，當了臣子，出奔之時死掉了。

想李淵的手段，真是兵不血刃。

剛才說到淺水原之戰，其實那是第二次淺水原之戰了。第一次淺水原之戰，世民和劉文靜是敗給薛舉的。敗了之後，唐都長安一度危險，李淵是這麼救場的：

聯合西涼李軌，叫他「從弟」；封賞李軌的弟弟李懋作大將軍，冊封李軌當涼王，請他們一起去扛西秦薛家。

等李世民第二次淺水原之戰贏了，局勢好轉，李淵就翻個臉，讓安興貴勸李軌投降唐朝，之後安興貴搞了點把戲，把李軌收拾了，送到長安，斬了。距離李淵認這個「從弟」，也就一年。

世民的反殺追擊在戰場，李淵的反擊追殺在朝堂。父子倆都是扮豬吃老虎的狠人。

所以，玄武門之變真正的雙方對手，從來不是世民與建成、元吉，而是世民與李淵。旁觀過李軌和李密（李密投降李淵後不久就出逃死掉了）這幾件事後，世民也知道，自己這個爹跟自己一樣，看著容易動感情，跟人稱兄道弟，但真要狠起來，那也是手段多變，趕盡殺絕。

這時再想李淵建議世民去洛陽、自建天子旗幟這主意，乍看體貼入微，細想毛骨悚然。

---

7 雞賊：指很會算計、暗藏私心，或狡猾耍小聰明之意。

所以武德九年玄武門之變，之所以要鬧得那麼絕，要兄弟死盡，父親上海舟，簡直要逼宮讓位，是因為這對父子聯手打下大唐時，早已明白彼此的厲害——但凡給對方這個狠人留一點點翻盤的餘地，那就後患無窮了。

要鬥，就是不死不休。畢竟，整個天下都被父子倆絕殺過來了嘛！

李世民：推了魏徵碑，又給立起來了

魏徵逝世後，李世民曾一度發脾氣，推倒過自己為這位大賢臣所立的碑。

對於習慣李世民與魏徵傳奇的諸位，初聽到這個故事，一定會大為吃驚，大概會有種「小時候聽的王子公主童話都是假的」之感，「不是史書都歌頌魏徵進諫，李世民納諫嗎？怎麼還會推碑呢？」

還好，後來，李世民又重立了魏徵碑。

這一推一立，比「魏徵直言，李世民納諫」的君臣相得，更為有趣。

話說在玄武門之變前，魏徵本是太子建成的手下。清朝學者王夫之先生在《讀通鑑論》裡非議過魏徵，認為他先是觀望，等太子一死，就去向李世民請見投效，可知是個功名之士。當然李世民不在乎，他在玄武門之變後重用魏徵，是因為他的才華，也顯然是要向天下昭示：我用人不疑，不念舊惡。

此後，他君臣二人從最初的彼此心懷芥蒂，到一個敢言，一個納諫，磨合出了不錯的君臣關係。雖然私下裡李世民還會罵罵咧咧，但君臣對外的姿態，很是好看，真是歡喜冤家。直到魏徵死，李世民四十五歲。他對魏徵，是從本來忌憚，再成為君臣，雖然許多次衝動起來，也要念叨「殺此田舍翁」，終於還是沒動手。年紀大了，他對魏徵也有感情了，於是痛哭流涕，一套「以人為鏡」之類的言論，之後又是親寫墓碑，又是看畫像，又是賦詩的，大概真把魏徵當鏡子了，「魏徵魏徵告訴我，千古賢君是不是我……」

這是我們知道的歷史，或者說，被歷朝歌頌的歷史——主賢而臣直，君臣商量著共治天下。

話說魏徵死在西元六四三年，是貞觀朝多事的一年。那年李世民的太子承乾謀變事發，牽涉到大將侯君集，一併被處理了。此後，李世民連有謀奪太子位意圖的兒子李泰也一併踢開，立了後來將成為唐高宗的李治為太子。

人一死，茶就涼。先前魏徵死後，就有人提醒李世民：魏徵的許多進諫，是有底稿的，他私下裡還編纂進諫語錄，打算把好名聲傳之後世呢！

李世民聽了難免不爽。敢情這進諫是秀姿態來了，拿我當配角使喚！

等太子承乾事件出了，又有人提醒李世民了：魏徵跟杜正倫、侯君集有染！

——這下不得了了。

進諫語錄的事，打擊了李世民對魏徵的信任；但杜正倫與侯君集之事，那更複雜得多。

杜正倫先前輔佐太子承乾，李世民私下裡跟杜正倫說：我兒子似乎不親近好人。杜正倫去勸諫太子時，把這話說了，太子於是很氣父親：你這麼說我？李世民也生杜正倫的氣：我跟你吐槽自己兒子，你怎麼傳小話呢？於是貶黜了杜正倫。

侯君集則是李世民凌煙閣功臣之一，卻與太子承乾策劃兵變，因此被處決。

我們不妨做個不算出格的猜測：

李世民一生至險之事，是玄武門之變。從此兄弟反目，海舟逼宮。這是他內心最深的祕密。故此涉及權力交接時，李世民很容易失去理智。玄武門之變發生前，他一度懷疑近臣如房玄齡等有觀望傾向，甚至都動過殺心——當然後來得了天下，房玄齡和杜如晦組成了房謀杜斷的王牌組合，大家和氣生財，這事揭過去不提了。

大體上，李世民是個豪邁的明君，但會不會涉及奪權問題，李世民就很容易暴躁了？「魏徵跟杜正倫與侯君集有染？後兩個人夥同我兒子一起謀反我？魏徵會不會也在其中？」一旦意識到了這種可能，李世民自然反應激烈——於是，推碑去了。

到這事稍微冷一冷之後，李世民頗有姿態，重新立碑，懷念魏徵。《新唐書．魏徵傳》所謂：

遼東之役，高麗、靺鞨犯陣，李勣等力戰破之。軍還，悵然曰：「魏徵若在，吾有此行邪！」即召其家到行在，賜勞妻子，以少牢祠其墓，復立碑，恩禮加焉。

風頭過了，恩遇又回來了。

卻說西元六四四年，李世民去打了高句麗。

貞觀朝先前幾次對外戰爭，多是李靖為大將。而六四四年，李靖年過古稀，去不了，李世民必須御駕親征。前一年太子李承乾魏王李泰爭太子位出事，侯君集被處置了；這一年李大亮身體不大對，留駐長安，不久過世；秦叔寶已於六年前去世；尉遲恭已經去研究道術了；王君廓已被處死。李世民手下一班舊將都老了，能跟著去的，也就是李世勣和李道宗。

李世民自己，四十六歲了。陣容上，年紀上，所帶的都不是開國那批名將了。

如是，李世民事隔二十年親征，諸將或老或死，勞師遠征，兵力不太夠，前一年還經歷了兩個兒子鬧事，流淚處理了侯君集，以這種糟糕狀態，打得也不算順。大概回來路上，真覺得自己老了，心情平靜一點兒了，也想起魏徵了？於是，有過能改，重新給魏徵立了碑。這不，明君賢臣的形象，又立起來了。

李世民是個極重形象的皇帝，一輩子都想當千古明君。說他許多行為舉止毫無作秀成分，那不可能。骨子裡，李世民也並不是寬仁慈愛、笑臉盈盈的好好先生，更不是個永遠偉大光榮正確的君王。他武將出身，衝動熱血——乍一聽，有幾分像年少時的隋煬帝？

但李世民比隋煬帝好的是，衝動過後，他往往能自責，能把做錯的事情挽回來——征遼之役雖然不順，他卻沒有像隋煬帝，一打再打三打，打得勞民傷財。回朝之後，李世民能亢龍有悔地感嘆：「有魏徵在，不會去打呀！」

黃仁宇先生在《中國大歷史》裡說過個看法：唐朝並沒有制度來保持權力的「互相制衡」（checks and balances），而是完全靠儒家紀律與君王的個人自覺，來約束如李世民這些帝王們的作為。

換言之，各類意見的取捨，全看李世民自己的品德。他高尚一點兒就知錯能改，他暴虐一點兒就有錯不改。即，貞觀朝的開明，不只在當時的三省六部制，還在於恰好趕上李世民有知錯能改的脾氣，擁有名垂千古的開明，以及對自我形象的重視啊——千古聖君也會犯錯，也有一觸即跳的逆鱗，能改回來，就很難得了。

李治與武則天：搭檔與贏家

眾所周知，武則天得以登基，得從唐太宗朝開說——雖說終太宗一朝，武則天並沒占到太大的恩寵。

且說太宗自己玄武門得了天下，給兒子們立了個不算好的榜樣，後來自己的太子承乾與魏王李泰奪嫡，搞到兩敗俱傷。到太子與魏王同歸於盡時，太宗自己的大舅子長孫無忌與背後的關隴集團，贊成擁立晉王李治。當日《舊唐書》裡，唐太宗與長孫無忌討論時，以李治為「仁懦」，太宗頗以此為憂，長孫無忌倒挺支持。我私下陰暗地想：大概君臣關係裡，宰相素來不怕君王軟弱。這不，為了鞏固李治的地位，長孫無忌後來還搞鬥爭擴大化，收拾了吳王李恪呢。

如此，太宗駕崩，李治登基，長孫無忌做為國舅，百官之首，一時風光無二，他背後的關隴集團也得其所哉。李治的王皇后，背景連繫到太原王氏與柳家；李治寵愛的蕭淑妃偏一點兒，也能跟南朝蕭家攀親戚。於是李治一時被貴族血統包圍了。

他近前唯一不那麼高貴的血統，來自於武則天：一個並州木材商人之女。

李治跟武則天的緋聞不消多提。且說李治當日要立武則天為后，被長孫無忌多番阻撓。之後李治提拔了李義府、許敬宗等中級官僚。這幾位背景並不算硬，得蒙聖恩，自然以死報效李治。李治又依樣畫葫蘆，以彼之道還施彼身，用長孫無忌當年搞鬥爭擴大化處理吳王的方式，收拾了長孫無忌。如此差不多到西元七世紀六〇年代，李治把舅舅按住，掌握了天子應有的權力。

此後李治身體不好：風眩[8]。李唐王朝歷代君王心血管好像都不大好，不知道是遺傳還是飲食結構問題。可是李治好不容易得來的權，不想放給旁人。於是宰相任免權握在手裡——在他過世前一年，還授郭正一同中書門下平章事——而許多日常工作，就讓武則天去辦了。

至此到西元六八三年前後，長孫無忌那一脈關隴老臣早沒勢了，唐朝皇權集中在二聖李治與武則天之手。李治臨終，位置傳給李顯，再託付宰相裴炎等，留給武則天一個詔書，大致是留給了老婆一個顧問權：《新唐書》所謂「遺詔皇太子即皇帝位，軍國大務不決者，兼取天后進止」。關鍵時刻來了。

李顯登基，發現自己要被宰相與老娘掣肘，於是大放厥詞，甚至口不擇言，要讓自己

8 風眩：因風邪、風痰所導致的眩暈症。多由血氣虧損，風邪上乘所致。

的岳父韋玄貞老爺子當國——沒基礎的年輕天子，都愛這麼折騰。裴炎大概想貪個擁立之功，武則天也不想放棄權力。於是兩位老人家一拍即合，加上將軍程務挺等人一起發力。武則天與裴炎當著百官，廢了李顯，扶李旦登基。武裴組合，平安掌權。

然而裴炎想得簡單了：武則天怎會容他分享權力呢？

此後徐敬業叛亂，駱賓王寫了傳奇的檄文：「一抔之土未乾，六尺之孤安在？」可惜從三國時陳琳到唐初駱賓王，檄文好文筆，抵不過對方的兵力。武則天派了魏元忠輔佐李唐宗親，滅了徐敬業。裴炎又犯傻，《舊唐書．裴炎傳》裡，居然冒出了「若太后返政，則此賊不討而解矣」的昏話，請武則天歸政。武則天自然不會放過他，一個裴炎欲反的帽子扣上。於是裴炎輔佐武則天推倒李顯一年後，自己也完了。

此後，武則天大搞酷吏政治，用著名的拷打能手來俊臣與周興，把李唐宗室清洗了一遍。洗完了，再利用來俊臣與周興狗咬狗，對付掉彼此，所謂「請君入甕」典出於此。自古酷吏大多沒好下場，酷吏們也明白，所以案子老也審不完——他們知道兔死狗烹，沒有兔子就得製造兔子，不然早晚是請君入甕嘛。

到西元六九〇年前後，李旦已成武則天的傀儡，朝廷被李治與武則天收拾得了無權臣，所有官員，都是看著過去三十年武則天執政過來的。

此時武則天稱帝，順理成章，輕而易舉。連李家的皇子皇女李旦和太平公主都沒法不支持武則天為天子。畢竟武則天登基的話，做為子女的自己還能是繼承人；不支持她，難道支持李唐宗族以外的人？

於是武則天登基啦。

所以您看，武則天這個帝位，並非如許多傳說裡所言，是靠著嫵媚與美貌，騙了李治才得手的。她在登基之前的三十年時間，先擔當李治的副手，幫他處理日常工作，積累起了威信與人脈。趕上李治排除舅舅的勢力，朝廷沒有阻撓她的權臣，又給了她顧問遺詔，使她有權左右朝政；李治死時，裴炎和武則天搞定了李顯，而裴炎再被武則天拿下；武則天最後再修理宗族，天下自然大定。

話說當日狄仁傑們這些賢臣，為何會選擇跟隨武則天？不是他們不忠於李唐王朝（狄仁傑間接為李唐復國做了巨大貢獻），只是憑藉著自己高超的政治素養，明白了一個道理：從手腕到實力，從智慧到果決，武則天確實了不起呀。

話說武則天從垂簾到稱帝期間，主要被後世詬病的，無非這幾點：

——不擇手段，殺人太多，鼓勵告密，大用酷吏，「請君入甕」。

——私生活似乎比較風流。

——對外軍事屢有失策。

再便是男權社會天然的偏見：女人何以主政？

然而回頭看看，積極面也挺多：

武則天勸農薄賦，對農民頗為寬容，結果是唐武德五年，《通典．食貨七》：「至武德有二百餘萬戶。」《新唐書．食貨志》記載：「貞觀初，戶不及三百萬。」到高宗朝，《舊唐書．高宗本紀》永徽三年「即今見有戶三百八十萬」。到武則天退位那年即神龍元年，《舊唐書》說是六百一十五萬戶。

在中古，人口增長，說明基層穩定，這就算是老百姓生活水準的基本體現了。且，武則天敢用人，而且推崇文化人。為了對抗長孫無忌，用人不看門第。沈佺期、宋之問、陳子昂這些才子，都在她手下出過力。狄仁傑千古名臣不提，反武則天的張柬之、桓彥範、敬暉，唐玄宗後來用得好的姚崇，都是武則天提上來用的人。且武則天手下，確實沒有過一家獨大的權臣——這一點，她跟李治的原則是一樣的。大概可以說，武則天垂簾到在位期間，倒楣的是李唐宗室、關隴權貴；得意的是寒門學子、普通百姓，自然也有受她寵愛的美男子們：比如薛敖曹、張易之、張昌宗……

唐朝後來是怎麼衰落的？王夫之先生總結道：河北強，唐衰；河北弱，唐亡。大概唐朝自安史之亂後，藩鎮割據，宦官臨朝，這才一日不如一日。

利益集團分立，實是朝代的毒瘤。唐朝開國，關隴權重。武則天與李治臨朝，剿滅關隴貴族，提拔平民才子。於是李隆基登基後，不必面對一群已經發展壯大的長孫氏，只須幹掉他的姑姑太平公主，讓爸爸李旦別掣肘，就能用武則天留給他的姚崇宋璟們治國了。武則天死後，權力基本在李顯、李旦、太平公主和李隆基之間轉——那都是武則天一脈的孩子們。所以了，長孫氏為首的關隴集團、來俊臣、周興、王皇后與李唐其他宗室，九泉之下，大可以用無限惡意咒罵武則天，而且甚為合理：確實他們在武則天手下倒了大楣。但唐朝的普通農民、永徽到神龍到開元天寶年間得益的平民文化人，以及李隆基自己，至少在武則天當政期間，沒怎麼吃虧。

細想來，這中間真正的贏家，是唐高宗李治。

如上所述，許多民間故事，都以果推因，覺得武周代唐，是武則天狡詐狐媚，李治仁懦畏縮。陰盛陽衰，才讓武則天奪了天下。可是我們不妨細想一下：

一個懦弱的人，敢在脾氣衝動的父親還活著時，跟庶母私通，搞那傳奇的「未曾錦帳風雲會，先沐金盆雨露恩」？

一個懦弱的人，會冒天下之大不韙，娶庶母、立為皇后？

一個懦弱的人，敢不到三十歲，就將舅舅長孫無忌與關隴權貴，一網打盡，自己提拔一堆人，當大權獨攬的天子？

論跡不論心，咱們看李治的作為來概括性格，可說是外柔內剛。

從結果上來看，李治登基時，唐朝人口不超過四百萬戶，高句麗還不安生，朝政被長孫無忌為首的關隴貴族左右。半個世紀後，他老婆武則天退位時，唐朝人口超過六百萬戶，高句麗已被拿下，長孫無忌們和李唐宗室被清得七七八八。科舉制已經成型，平民才子層出不窮。李白、王維、杜甫們的時代快要到來。且李治在位時，唐的疆域一度達到朝代最大。

明明李治使了那麼多手腕，明明坑殺了舅舅，按住了關隴，卻不沾一點兒血腥的名聲，好像壞事都是他老婆做的。李治和武則天這對完美搭檔，表現得著實不錯。武則天當然在歷史上大出風頭，但結果看來，幕後的大贏家，還是李治啊。

唐玄宗與楊貴妃

按正史，本文女主角、先當了唐玄宗兒媳婦後來成了他伴侶的前壽王妃楊姓女子，二十二歲出家做女道士，掩人耳目地跟了五十六歲的玄宗。五年後玄宗冊立楊姓女子為貴妃，就是我們所知的楊貴妃。其間楊貴妃兩次得罪玄宗，被遣出皇宮，又兩次被召回。又十一年後，安史之亂。馬嵬驛兵變，貴妃死去。

就是如此簡單。

可是因為愛情，因為白居易的《長恨歌》，後世人們都樂意相信，玄宗與貴妃乃是「天長地久有時盡，此恨綿綿無絕期」的真愛，所以各色傳奇，不免應運而生。

比如，楊貴妃真名史冊無載，一般史家稱她道號太真，但既然《明皇雜錄》這本真假雜說的書裡定了她叫楊玉環，那就叫她楊玉環吧！

比如，許多人樂意相信，既然安祿山鬧事斷送了唐朝半截江山，按照紅顏禍水理論，楊貴妃和安祿山不免有點兒瓜葛。故此各色通俗小說都描述：安祿山起兵，正是為了楊貴妃！

大家也樂意相信各色唐明皇與楊貴妃那些或美麗或曖昧的段子。後世《楊妃外傳》，對下面這個場景描述得活靈活現：楊貴妃剛洗完澡出來，唐明皇一摸她的胸，說是「軟溫新剝雞頭肉」，安祿山立刻湊趣，接一句「潤滑初來塞上酥」。

善良的讀者也樂意相信，楊貴妃沒死在馬嵬驛。這不，許多傳奇都說楊貴妃藏匿遠地了，甚至說東渡日本了云云。李碧華甚至還寫過一個小說，說楊貴妃一直活到了二十世紀。

楊貴妃一個人專寵後宮未免寂寞，所以大家也熱愛京劇《貴妃醉酒》，編造出了無數梅妃與楊妃宮鬥的傳奇，甚至連華清池都好像成了楊貴妃專用澡堂似的——雖然梅妃這個人物，可能歷史上並不存在。

可是正史裡，李隆基並不是個衣來伸手，飯來張口的太平天子。他是武則天的孫子，曾爺爺李世民，爺爺李治，奶奶武則天，都雅好文藝，卻也是權力欲旺盛的鬥爭天才。他自己，五歲時親歷武則天稱帝，親眼看見自己父親退位。他二十歲時，武則天退位。二十五歲時，李隆基親自發動唐隆之變，結束了唐朝歷史最凌亂的一段時光。二十七歲那年，李隆基登基為天子，二十八歲殺姑姑太平公主，順便壓倒了父親李旦，就此一統江山，之後要迎來中國史上傳奇的開元天寶。他實實在在地一路看著權爭過來，還親自搞了好幾次政變，乃是殺伐天子。他自己在繼承人問題上也是心狠手辣：有三個兒子的非正常死亡，經了他的手。

按說這樣的人，不可能是普通的癡情男女。

傳說中唐玄宗寵愛過的妃子們，梅妃很可能出於杜撰。他自己大致是少年時愛趙妃，中年時愛武惠妃。後者大大有名，受寵了二十五年，死後追封皇后。李隆基賜死了三個兒子，追根溯源，多與武惠妃有關。到武惠妃開元二十五年故去，一時無人可替，史書所謂：「後廷無當帝意者。」一直到知天命的年紀，李隆基才遇見楊貴妃。於是晚年寵愛彌加，開始了我們都知道的傳奇。

若論被李隆基寵愛的時間長度，大概是武惠妃為首。但楊貴妃跟李隆基在一起的方式，實在太過戲劇性——掩人耳目的出家，公公貪媳婦的爬灰[9]，漁陽鼙鼓動地來，馬嵬坡前草青青，太滿足人民群眾的八卦心了——所以就，格外引人注意了。

可是他們的感情，到底怎麼算呢？

世界上沒有無緣無故的愛，也沒有無緣無故的恨。萬事皆是因緣和合。因緣嘛，就是時間地點，當時的情境。

9 爬灰：指公公與媳婦亂倫。

比如吧，以金庸小說《倚天屠龍記》為例。張無忌愛的姑娘們，其實是男人不同階段的情感。少年初戀是嬌氣的小公主朱九真；山裡困居五年後無人關心，所以對熱心腸的殷離心動；在地道裡身處絕境，所以很喜歡唱歌為他開導情緒的小昭；排難解紛當六強後，對少時交往、如今成為峨嵋高足的周芷若動心；到他成了明教教主，名震天下時，能刺激到他的就是做為敵人的趙敏了。他喜歡每個姑娘可能都是真誠的，都是人生不同階段的心動。

同理，唐玄宗對趙妃、武惠妃和楊貴妃，也可以是如此。

年少時走一步看一步，連感情都跟政治有染，對趙妃大概是年少愛慕，跟武惠妃多半是相濡以沫。晚年了，鬥了一輩子，終於鬆快一點兒了。唐玄宗召楊太真入宮時，自己五十多歲了，功業已成，信奉神仙，老了老了，是要享享福了。

楊貴妃對唐玄宗而言，不只是個年輕的美人。她跟唐玄宗時，恰是唐玄宗心態上最放鬆愉快的時候。大唐鼎盛，萬邦來朝，天子可以舒服舒服，可以鬧鬧梨園，玩玩《霓裳羽衣曲》，不用像年少時那麼勵精圖治，那麼緊張於武家的勢力了。所以楊貴妃啊，簡直就像是命運給唐玄宗的退休禮物。「累了半輩子，可以快活一下了吧？」

到安祿山起兵，漁陽鼙鼓動地來，到君臣倉促辭長安西奔，到馬嵬驛被迫殺楊貴妃時，唐玄宗自己也送了半條命。馬嵬驛政變具體怎麼回事眾說紛紜，甚至有說法推測玄宗自己才是幕後推手。但結果是肯定的：楊國忠與楊貴妃的死，也意味著唐玄宗自己政治生涯的結束，意味著唐玄宗就此退出權力中心。這不，楊貴妃死後不久，李隆基的兒子李亨就稱帝當了新皇上。

一般傳說，回長安前，唐玄宗曾密令，改葬楊貴妃於他處。當初安葬時以紫褥包裹屍體，再葬時肌膚已壞，而香囊仍在。內官呈給玄宗，玄宗哀悽，命人畫貴妃的畫像於別殿，朝夕視之。這個故事很動人。然而《酉陽雜俎》裡，卻有一個思路類似，卻更動人的故事。

說是天寶末年，交趾進貢來了瑞龍腦香。唐玄宗賜給楊貴妃十枚，香氣傳出十來步。唐玄宗夏天跟人下棋，讓賀懷智彈琵琶，楊貴妃在旁邊看玄宗要輸棋了，就放小狗弄亂了棋子。唐玄宗高興壞了。當日風吹楊貴妃的領巾，沾了賀懷智的頭巾，好半天才落下。賀懷智回去，發現頭巾上奇香無比，於是藏進了錦囊。多年後，安史之亂到尾聲了，唐玄宗回宮，賀懷智把錦囊呈上。唐玄宗一打開錦囊，聞到香味，哭了：「這是貴妃的瑞龍腦香啊！」

這個故事未必是真，卻寫得很淒迷。對唐玄宗而言，楊貴妃啊，意味著人生最安逸最快樂的那段時光，意味著被安史之亂帶走的時光，意味著天寶年間萬邦來朝時，瑞龍腦的蓊蓊香氣——又不只是白居易想像中，長生殿裡的一對私密情人而已了。

唐玄宗對楊貴妃的愛，可以這麼理解：天寶年間，他愛楊貴妃，猶如愛命運對他的恩寵——鬥了半輩子，終於可以快樂啦！而安史之亂後，他對楊貴妃的追念，恰是對唐朝最美好時光，也是他自己最美好時光的一段回憶，那是天寶年的背影啊，那飄散著瑞龍腦香味的盛唐傳奇啊。

畢竟那不只是唐玄宗自己的，也是大唐，甚至是整個中華古代，最堂皇美麗的時代。

將自己的愛妻讓給父親之後

本文的主角是唐玄宗的十八子壽王李瑁：楊貴妃的第一任丈夫。之所以拿他作主角，是因為他在史書上，似乎從沒當過主角。《舊唐書》說玄宗諸子，有關李瑁的記載如此簡短：

壽王瑁，玄宗第十八子也，初名清。初，瑁母武惠妃，開元元年見幸，寵傾後宮，頻產夏悼王、懷哀王、上仙公主，皆端麗，襁褓不育。及瑁之初生，讓帝妃元氏請瑁在於邸中收養，妃自乳之，名為己子。十餘年在寧邸，故封建之事晚於諸王。宮中常呼為十八郎。十三年三月，封為壽王，始入宮中。十五年，遙領益州大都督、劍南節度大使。二十三年，加開府儀同三司，改名瑁。二十五年，惠妃薨，葬以后禮。二十九年，讓帝薨，瑁請制服，以報乳養之恩，玄宗從之。瑁，天寶中有子封為王者二人：伓為濟陽郡王，俶為廣陽郡王、鴻臚卿同正員。

《新唐書》說玄宗諸子，更短了：

壽王瑁，母惠妃頻姙不育，及瑁生，寧王請養邸中，元妃自乳之，名為己子，故封比諸王最後。開元十五年，遙領益州大都督。初，帝以永王等尚幼，詔不入謁。瑁七歲，請與諸兄眾謝，拜舞有儀矩，帝異之。寧王薨，請制服以報私恩，詔可。大曆十年薨，贈太傅。子王者三人，僾王德陽郡，伓濟陽郡，僙廣陽郡，伉薛國公，傑國子祭酒。

即，兩唐書都說：

壽王李瑁。唐玄宗第十八個兒子。母親武惠妃得寵，但生了幾個孩子都夭折。於是李瑁出生後，送到寧王府裡養著。封王很晚，宮裡叫他十八郎。

七歲時入宮拜謁有規矩，天子很喜歡他。

後來母親武惠妃死了。後來養父寧王死了，他服喪報恩。

大曆十年即西元七七五年，李瑁逝世。

妙在他的傳裡，隻字未提楊貴妃。

把老婆獻給天子不算，記載都消失了。

《舊唐書》的后妃傳裡，也沒提到壽王。只說開元二十五年武惠妃過世，唐玄宗很寂寞，於是：

或奏玄琰女姿色冠代，宜蒙召見。時妃衣道士服，號曰太真。

即說楊進宮，是做為楊玄琰的女兒，女道士身分。

《新唐書》比較真誠，加了一句話，說楊氏「始為壽王妃」。等她入宮後，又「更為壽王聘韋昭訓女，而太真得幸」。公公偷兒媳婦，《舊唐書》都不說，《新唐書》添了幾句話，本傳一字不提。太委屈了，李瑁。

李瑁一生，委屈不止這一樁。

如上所述，他本是武惠妃子，卻養在外頭許多年。他娶了楊氏後不久，就出了事。他老娘武惠妃一番折騰，結果唐玄宗一日殺三子，包括太子李瑛。

不久武惠妃自己去世了，她那點小九九，玄宗也不是不知道。

新立太子時，玄宗選擇立長，立了李亨。

唐朝歷來，競爭太子失手者，那是什麼下場？我們都知道玄武門。我們都知道太宗朝李承乾和魏王泰兩敗俱傷。李治和武則天那幾個兒子什麼下場天下皆知。唐玄宗自己是看著七〇五年到七一二年變化叢生，自己搞定了爸爸李旦和姑姑太平公主，才拿到的位置。

權力的遊戲，你只能當輸家或贏家，沒有其他選擇——哦不對，跑錯片場了。

開元二十三年，李瑁娶了楊氏。到此春風得意。

之後六年時間裡，密集發生了以下事件：

太子被廢，但李瑁的娘武惠妃也去世了。

李亨為新太子。

楊氏出家為女道士，李瑁失去了妻子。

寧王去世，李瑁失去了義父，於是服喪報恩，也在提醒諸位：「我是在寧王府裡養大的！」

這六年時間，李瑁從新婚、疑似太子有望，到喪母、失妻、失養父、太子無望。其跌宕如此。

此後，就沒啥關於他的記載了。

歷史書上，我們都知道：李瑁的前妻跟了他爸爸，當了楊貴妃，上演了曠世傳奇。後來安史之亂了。唐玄宗西奔，馬嵬驛事變，楊國忠與貴妃都死了不提。後來回長安前，唐玄宗曾密令，改葬楊貴妃於他所。當初安葬時以紫褥包裹屍體，再葬時肌膚已壞，而香囊仍在。內官呈給玄宗，玄宗哀悽，命人畫貴妃的畫像於別殿，朝夕視之，多麼感人。天長地久有時盡、此恨綿綿無絕期。

其實楊貴妃死時，壽王李瑁，也在現場。

馬嵬驛之變，看著自己的前妻死去，壽王李瑁還得給他爸爸當差。

十五載，玄宗避賊，行至馬嵬，父老遮道請留太子討賊，玄宗許之，遣壽王瑁及內侍高力士諭太子，太子乃還。

分部下為六軍，潁王璬先行，壽王瑁等分統六軍，前後左右相次。

李瑁當時看著前妻死、唐室傾、哥哥留鎮，會怎麼想呢？

不知道。

我一直有個邪惡的想法。

眾所周知，李瑁傳諭李亨後，李亨就直接登基當了皇帝，老爸唐玄宗剛知道時，還措手不及了一下。

這裡有李瑁的因素在嗎？

有沒有可能，他對太子登基有過積極的作用？既是侍奉了新皇，又順便給老爸踹了一腳？

不知道。

就像史書裡簡直都不想提他老婆被爸爸搶走的事似的，對他的心情和具體行為，我們也一無所知。我也就瞎想想。

楊貴妃逝世後六年，唐玄宗逝世，同年唐肅宗逝世。

父子兩代皇帝同時逝世……嗯。

值得一提的是，唐宗室頗有一些人在作死，比如永王李璘——這貨作死失敗，李白也被連累過。

但李瑁很太平。

他安安靜靜地，活到老爸和哥哥過世十三年後，才逝世的。

假設李瑁跟楊貴妃同年，則他大概起碼活到花甲之年了。對一個經歷過亂世的人而言，不算短壽。

李商隱有首詩，《龍池》，很是微妙：

龍池賜酒敞雲屏，羯鼓聲高眾樂停。
夜半宴歸宮漏永，薛王沉醉壽王醒。

宮廷飲宴，大家都很樂呵；到夜半回來，薛王醉了，壽王還醒著。

唉。

某種程度上，壽王一直醒著。母妃逝世、妻子被奪、太子無望之後，他一直醒著。

到馬嵬驛之變，看自己前妻死掉，看自己父皇老去，回去宣詔讓自己哥哥留鎮，看他當天子，護送父皇入蜀。他一直醒著。

每當想到唐玄宗跟楊貴妃飲宴歡樂時，有一雙沒喝醉的眼睛看著一切；想到馬嵬驛前兵戈鏗鏘，白綾掛樹，有一雙沒喝醉的眼睛看著一切；唐肅宗登基稱帝、永王們大搞陰謀時，有一雙沒喝醉的眼睛看著一切，我就覺得很微妙。

史書上，李瑁自己的傳記裡，他好像什麼都沒做。有關他的記載寥寥無幾，連第一任老婆的存在都被抹殺了。他在其他人的傳記裡出現，一般就是奉命做點兒啥事，沒有自己的主觀動作體現。

但想像一下他的經歷：喪母、失妻、失義父，旁觀老爸和前妻親熱十幾年，旁觀大唐崩塌、妻子去世、哥哥登基、老爸失勢。

他大概，比大多數人都更明白這世界是怎麼回事吧。

後世看到的，是馬嵬驛、華清池、長生殿、荔枝、香囊、醉酒。他看到的，是權力、倫常、人心、鬥爭與生死。

傳奇都是他前妻和老爸的，他就看著這一切，什麼都沒留下來，只是默默地活了下去。

所以了，提到霓裳羽衣盛世大唐，總讓人想放歌縱酒。

但念及背後有這麼一雙幾乎得到過一切卻又失去過一切，始終醒著看著權力如何運作，史傳卻又對其記錄近乎空白的眼睛，也只能長嘆一聲，罷了。

高築牆、廣積糧、緩稱王

以前，我這麼理解朱元璋所謂「高築牆、廣積糧、緩稱王」：穩紮穩打，不要冒險。等經濟與後勤凌駕於對手，戰場上自然可隨心所欲——頗有點兒曾國藩所謂「結硬寨，打呆仗」的意思；又彷彿西元前羅馬人一度用來對付蠻族的打法：多建工事壁壘，保持補給線與密集據點，步步為營。

想想這麼打也不壞。按《史記》說法，秦統一天下時，王翦打楚國，硬生生向秦王要了傾國六十萬人，鋪天蓋地壓過去，再對峙個半年，然後一擊終結。國力雄厚，這麼做也無可厚非。

但偶爾也琢磨，兵法不都說兵貴神速嗎？自己在高築牆、廣積糧、緩稱王，別家也在水漲船高。這麼磨蹭下去，雖不冒險，卻是曠日持久，老了英雄。再者，攻占疆域越多，動員力越強，兵也就越多。那麼兵貴神速，柿子揀軟的捏，東西吞併，一家獨大，豈不美哉？

直到我後來看了至正十六年到二十年，朱元璋勢力的地勢，才明白自己終究太幼稚。

至正十六年到二十年，也就是朱元璋「高築牆、廣積糧、緩稱王」的階段，並沒怎麼跟元軍正面作戰。倒不是他不打，而是他不跟元軍接壤。東有張士誠，西有徐壽輝，北有小明王，南邊是長江。朱元璋坐看三面，又擁南邊長江天塹，高枕無憂，沒向周圍三家任何一邊出手，而是專心地自我發展。這才是高築牆、廣積糧、緩稱王的真意。

所謂高築牆，既是他自己的城壘，也有他四周的勢力。周圍三邊高牆，都在為他緩衝元軍這個最大的敵人，讓朱元璋不必擔心元軍大兵壓境。不稱王，便不必與小明王撕破臉，且讓小明王北擊元軍，朱元璋自己經營淮泗。也因為這種做法，後來陳友諒大軍東征來打朱元璋時，朱元璋可以下賭注，全軍西拒陳友諒，無視東面張士誠。他是內線作戰，可以集中兵力，顧著一面。西線陳友諒一完蛋，至正二十四年，朱元璋立刻稱王，然後花十個月，平滅了跟他拉鋸十年的張士誠。

高築牆、廣積糧、緩稱王，與兵貴神速，原來並不矛盾。

——若能高效率地內線作戰，則身處夾縫之中，也不那麼糟糕。

——別輕易滅掉接壤國，如此可以利用它們來作戰略緩衝地帶。

——真要動手滅一國時，不可遲延；急速集中兵力，一口氣解決問題。

慢慢來不是目的，而是手段；慢慢積累，是為了一口氣解決對手。

靜如處子，動如脫兔；高築牆、廣積糧、緩稱王之後，便是勢如破竹。

李世民曾如此誇過司馬懿：「雄略內斷，英猷外決，兵動若神，謀無再計。」確實也沒誇錯。司馬懿為魏將時，討孟達、定遼東、平王凌，都是出手狠辣，兵行如風，擅長聲東擊西。

然而先揚後抑，李世民又挑司馬懿的刺了：「既而擁眾西舉，與諸葛相持。抑其甲兵，本無鬥志，遺其巾幗，方發憤心。杖節當門，雄圖頓屈，請戰千里，詐欲示威。且秦蜀之人，勇懦非敵，夷險之路，勞逸不同，以此爭功，其利可見。而返閉軍固壘，莫敢爭鋒，生怯實而未前，死疑虛而猶遁，良將之道，失在斯乎！」

李世民的意思是：司馬懿你本身素質不差，怎麼西元二三四年遇到諸葛亮，仗打成這樣？明明有優勢兵力，以逸待勞，卻被諸葛亮壓著打，看人家堵著門耗自家的資源，丟人啊！打不過，還挺虛偽，看了諸葛亮送來的巾幗，知道諸葛亮用激將法，司馬懿發憤表示要出戰，還玩了齣千里請戰，求魏明帝允許自己出兵。一看魏明帝的使者辛毗來了，頓時又縮回來，可見千里請戰就是玩虛的，跟皇帝唱雙簧，用如此手段在諸將面前爭點兒面子，丟人啊！

虛偽了，還挺膽怯。明明兵力局面都占優，居然不敢打，被諸葛亮壓在門口屯田；等諸葛亮死了，可以追擊了，卻被死諸葛走了活仲達，嚇回來了，丟人啊！

——這裡卻得替司馬懿說一句了。早在三年前的西元二三一年，他追擊過北伐撤軍的諸葛亮，結果魏國縱橫沙場近半世紀的老將張郃，被諸葛亮一個回馬槍給射死了。司馬懿吃一塹長一智，這才躲起來。

話說，為何李世民非議起司馬懿來如此底氣十足呢？只因為李世民自己，論打法，說成績，堪稱中國軍事史上的防守反擊之王。

——唐與西秦的淺水原之戰，李世民先守，守到薛仁杲士氣虛弱，然後一個南北夾擊，再兼程追殺，直接把西秦滅了。

——平山西的柏壁之戰，李世民與宋金剛對峙，其間兩次截擊尉遲恭，斷宋金剛糧道。該出動時，追奔三天不解甲，一日八戰，與徐世勣南北夾擊，一戰而定。

——一戰而破王世充與竇建德的虎牢之戰，也就是京劇所謂《鎖五龍》的故事了。李世民圍點打援，圍著洛陽城，再親自奔襲虎牢，與竇建德相持；趁竇建德疲憊，鐵騎衝營，一日破建德，回馬取洛陽。對李世民而言，一味守，沒意思。守，是為了攻，而且是急攻。

有人說過自古能兵者，李世民第一，朱元璋次之。如上所述，李世民的名戰役，都是相持之後，奔戰絕殺。朱元璋的大戰略，是高築牆、廣積糧、緩稱王，相持十年，集中兵力，東西奔走，急速破之。

自古能兵者，所見略同啊。

如何評價一個皇帝

評價一國的統治者，依不同角度與不同史觀，可分為許多派，脾氣差一點兒的，最後還會打起來。好比味覺派說榴槤好吃；嗅覺派說榴槤臭；營養派說榴槤營養豐富；易攜派說榴槤拎起來重；觸覺派說榴槤多刺；儲存派說榴槤不耐久放。最後自然是，誰也說服不了誰。

而後人評論統治者，又多容易以果推因，於是常有以下情況。

比如某開國之君：

——若他有生之年完成集權，但國祚不長，傳統史觀會說他排除異己。

——若他有生之年沒完成集權，且國祚不長，傳統史觀會說他無力御下。

——若他有生之年完成集權，且國祚長久，傳統史觀會說他混一四海。

——若他有生之年沒完成集權，但國祚長久，傳統史觀會說他寬宏大度。

比如某壯闊的開疆之君：

——結果好，那就是雄才大略。

——結果不好，那就是窮兵黷武。

——提拔基層得力，那就是任賢使能；不得力，就是任用私人。

——任用老將得力，那就是用人不疑；不得力，那就是暮氣沉沉。

比如某內斂的守成之君：

——國祚長久，那就是施政仁義。

——國祚不久，那就是保守趨退。

甚至，私人品德上也會因結果而導致不同評價：

——國祚長久而多有內寵，那是風流天子。

——國祚不久而多有內寵，那是色欲亡國。

——國祚長久而大搞文化，那是文采翰林。

——國祚不久而大搞文化，那是靡費亂邦。

舉個例子吧：乾隆皇帝。

若站在中國傳統史書評價角度，他本算個合格的皇帝：安撫百姓，視察水利，減免稅收。這些公共福利，以十八世紀中國的行政與科技條件，他算做得很好了。在他治下，中國也確實人口大發展，海內頗富裕。他跟他爺爺的統治期合稱康乾盛世，也算得是安了邦；又改土歸流，興兵征討，拿下了西北、北方與西南，將原本鬆散的藩屬更牢固地掌握了，這算是開疆。

文治武功都有了，他老人家自吹十全武功，雖然有些過，但也不算太離譜。

當然，為了安邦，乾隆搞了許多集權的工作，很容易讓現代人不愉快。乾隆年間，民間貧富差距依然巨大，卻想想十八世紀的農業社會，不算太發達的商業發展，中國本身的廣大疆域，要消除貧富差距達到海內兼富，還真不易。

當然，為了開疆，乾隆朝征伐也多所殺傷，有窮兵黷武之嫌——但歷朝開疆者，莫不如此。

即，在中國傳統歷史角度，乾隆皇帝，相比起他的歷代同行，在安邦和拓疆兩個角度，都不失為一個合格的皇帝，甚至從某些角度講，可算是個好皇帝。

可惜，乾隆皇帝身故時，已經是十九世紀前夜了。一個古代史皇帝，一旦扔進現代史觀裡，問題就大了。

傳統史觀裡，君臣揖和、百姓安堵[10]，就算是好了。但在我們熟知十九世紀歷史的現代眼光下，不免會覺得，乾隆是個靠集權穩定了國內統治，但因循守舊錯過改革時機的東

10安堵：安居之意。

方君主——明明死時已近十九世紀了，卻沒能隨時代而改革，某種程度上，還阻礙了後續的改革，哼！

以現代視角看，消除了統治者的神聖光環和講究平等與天賦人權的角度，則每個統治者都是曹劌所謂「肉食者鄙，未能遠謀」。在現代視角下，一個不進取、不改革、不開明的統治者，自然有過錯。就像美術史上有學者說過偏激的說法：印象派之前，畫家只需要做好自己分內的事；印象派之後，畫家不創新就是種罪過。

中國歷史有種情況，出現不止一次。一個君王或朝代，總在開國時疑似萬象更新——不更新的早早被幹掉了，都沒來得及成為朝代。而後，多半會在某種程度的集權後，迎來一段時間的平穩期，接著又迎來新的分權者——外戚、宦官、權貴等——形成兼併。最後日益散或弱，終於迎來末期。

所以歷史上當權久了的皇帝，不少是在中前期聖明進取，而晚節很難保證。若非姑息養奸，就是大開殺伐。

自然也有想改變宿命的，但在大歷史的潮流之中，個人的意志驅動力很是有限。一代人只能做一代人的事。企圖一代人做幾代人事的所謂超前者，很容易被時代浪潮打得粉碎，結果就是好意願辦出壞結果；而保守的統治者順應時代潮流，也容易被後來者嘲弄。

所以中國古來皇帝凡是當久了的，許多人身後難免毀譽一體。無論開頭多麼聖明，時間長了，總容易在保守僵硬或激進暴虐中走一條路。許多時候不是人力可為，而是制度天然的問題。

鄭少秋主演的電視劇《戲說乾隆》第二部的主題歌，姚謙老師有句歌詞很好：「人生得意莫言早，是非論斷後人道」，就是這意思。

王朝總要開兩遍國

歷來王朝，多要開兩遍國。

一遍滅掉對手，一遍整理山河。

周武王幹掉了紂王，分諸侯定天下。此後，親貴管叔和蔡叔鬧事謀反，周公平叛，營造了成周雒邑，即後來的東都洛陽。所以儒家喜歡以周公為聖人。

劉邦在西元前二〇二年幹掉項羽後，稱漢皇帝，又當了七年天子。這七年裡，他忙忙碌碌，一直在殺功臣異姓王：擒臧荼，殺韓信，斬彭越為肉醬，誅英布於九江。盧綰北奔，韓王信和陳豨被殺。此後漢景帝時，又平了吳楚七國之亂。漢武帝又行推恩令，終於諸侯王都老實了。漢朝遂進入全盛期。

朱元璋開國之後，還來得及當三十一年天子，所以動起手，動靜也厲害。傳說中的徐達蒸鵝賜死不知是不是真的，劉伯溫生病後遭遇胡惟庸請的醫生而死也有點兒曖昧，但其他如廖永忠逾制而死，朱文正違法囚禁而死，傅友德請賞田而死，眾所周知。藍玉案與胡惟庸案更是連累得血流成河。功臣良將，一時俱盡。

順治皇帝入關坐天下，是一六四四年。歷史一般也把這一年明亡清興，當成改朝換代。可是當日掌大權的實是多爾袞。之後裂土封王，大臣分立，到二十五年後，康熙擒鰲拜，又四年後啟動平三藩舉措。從此清朝沒了異姓王獨大，才算是真正權歸天子。

滅掉其他勢力一統天下，是一遍；平滅功臣與封疆諸侯，是第二遍。

曼瑟爾．奧爾森先生的名著《國家的興衰：經濟增長、滯脹和社會僵化》，說過這個理論：允許自由地建立各種組織而又長期沒有動亂或入侵的國家，其經濟增長受到分利集團的阻礙和危害也就更嚴重。

——事權統一，經濟增長快；利益集團多，經濟增長便慢。

雨果小說《巴黎聖母院》裡，法王路易十一曾經對當日局勢不滿：

法國有多少絞刑架，就有多少國王，這情勢太討厭了，不能這麼下去了。

「總有一天，人們眼睛看得到的地方，就只有一個絞刑架、一個國王！」

他老人家也確實在任內大體完成了法蘭西的統一。路易十三國王時期，著名的紅衣主教黎塞留則北拒英國的白金漢公爵，東攪掇起了三十年戰爭，終於阻止了德意志的統一，對內鞏固了法國的權柄，如此，路易十四才能成為太陽王，成了法國歷史上的漢武帝或乾隆爺。

「自己統一，讓別人不能統一」，這就是歷來強權者的做法。中古政治從來就是這麼黑暗，許多時候，統一事權就是得流血。也因此，趙匡胤那樣的「杯酒釋兵權」，談笑間解決權貴兵權問題，實為後世傳奇。如劉邦與朱元璋這樣坐天下後殺功臣，沒大規模殃及百姓，其實也還算好。最怕的就是，明明只想清除一兩個異己，卻禍及百姓，兵連禍結，那就糟糕至極了。

至於明朝建文帝自己翻船，被叔叔朱棣得了天下，那就是另一個故事了。

擁立的人，並不總是忠心的

中國古代，堯舜搞禪讓是為美談。見賢德者，主動讓天下，端的是好！連韋小寶也知道堯舜禹湯鳥生魚湯，是大大的好詞。

自然也有些知識分子，對禪讓制很是懷疑。《荀子．正論》質疑其真實性：「夫曰堯舜禪讓，是虛言也，是淺者之傳，是陋者之說也。」《韓非子．說疑》更直白：「舜逼堯，禹逼舜，湯放桀，武王伐紂。此四王者，人臣弒其君者也，而天下譽之。」

大概早有人覺得，所謂禪讓，都是說好聽的；骨子裡，就是強權、逼宮、弒君。細一想，還真是。中國歷史上有年表可查的禪讓，是王莽篡西漢，是曹丕篡東漢，是司馬炎以晉代魏。南北朝時，南朝宋齊梁陳就禪來禪去。凡禪讓者，多諡恭帝。東晉恭帝禪給劉裕，西魏恭帝禪給宇文覺，隋恭帝禪給李淵，後周恭帝禪給趙匡胤……說是應天順人，更像是文過飾非。

當然，過程還是要走一走的。曹操死，曹丕為魏王。夏天東郊大閱兵，再大軍回故鄉顯威風。然後漢獻帝開始讓位。漢獻帝讓，曹丕推；漢獻帝讓，曹丕推。中間有一批人上表，意思是天運惟德所在，漢室已衰，再不登基，就過於恭敬了，我們很不安啊！然後漢獻帝下詔書，總之是大誇曹操父子。一群人上表勸曹丕，曹丕又推讓。終於搞出個封禪壇，接受了禪位。曹丕回頭對群臣說了他人生最妙的一句話：「舜禹之事，吾知之矣。」

——「舜禹那些事，我算是知道了！」

——所謂禪讓，也就是這麼回事！

四十五年後，司馬懿、司馬師與司馬昭父子，已經把魏國大權攬得差不多了，司馬昭逝世，司馬炎接任為晉王，九月，以何曾為丞相，王沈為御史大夫。然後魏帝曹奐下詔書，格式跟當年漢獻帝誇曹丕那套基本一樣。司馬炎自然也要禮讓的，於是剛被提拔的何曾與王沈等趕緊發揮作用，「固請[11]」。司馬炎一臉的不得已：都怪你們那麼多人要我做皇帝，我也不想的呀！

——然後，登基稱帝了。

您一定發現了，王沈這人，還真幫忙啊！

王沈早年，跟的是曹爽。司馬懿殺曹爽後，王沈還是在魏國朝廷混。魏皇帝曹髦試圖消滅司馬氏，找王沈商量，王沈跑去跟司馬昭告密，此後曹髦被司馬昭殺死，王沈因功封安平侯。

哪位會說了，這位聽著挺善變的呀？的確是。《晉書．王沈傳》都說他「沈既不忠於主，甚為眾論所非」。

——但這類人好用嘛。

回頭說曹丕。他封魏王後，第一件事便是任命賈詡為太尉。孫權聽說了，大笑。說來也不難理解，賈詡雖是大智士，但人品並不怎麼樣。投奔的主子——李傕、郭汜、張濟、張繡——多半都死了；自己曾引西涼軍入長安，也算是做過了搗亂世間的缺德事；助張繡殺了曹操的長子、姪子與愛將。他自己是靠著準確的投靠時機，歸附了曹操，又聰明地扶曹丕當了繼承人，於是得以功高爵顯——聰明歸聰明，人品是不怎麼的；曹丕因為賈詡扶立有功，一登基就趕緊讓他當太尉作為報酬，難怪孫權要大笑了。

——擅長擁立的人，那都不算什麼道德君子。見風轉舵，一把好手。

這裡又得說了，趙匡胤的名宰相趙普第一次罷相後，怎麼重新上臺的呢？

話說，宋太宗趙光義接他哥哥的位置，「斧聲燭影千古疑」。他的執政也得有人幫襯

11 固請：力請、再三邀請之意。

才顯得名正言順。於是趙普為趙光義搬出了「金匱之盟」，確立了趙光義執政的合法地位，繼而看著趙光義，坑害趙匡胤的兒子——也就是其他的繼承者候選人。王夫之先生後來明說趙普是奸臣，「薰灼天下而不可浣」——當然我們也可以說，五代十國時，文人被壓怕了，所以總是奉承上意吧？

所以狡猾的天子們，也經常利用這類擁立之臣。用完了？扔。

明朝有著名的奪門之變。景宗將死，英宗復辟，首功之臣，是在景宗病榻前受命的石亨，是太監曹吉祥——剛要送走老皇帝，回頭扶了新皇帝。可是英宗復辟五年後，這二位功臣也在曹石之變中被幹掉——大概君王也明白，這等小人實在危險得很。

某種程度上，君王與擁立者，那都在彼此打量。每一個帶頭在下面三呼萬歲的，可能是最想要趁著擁立跟著騙富貴的——也可能是第一個變臉的。真正聰明的人，自己當然知道無法萬歲，所以格外警惕喊萬歲的人——這既可能是服從，也可能是捧殺啊。

話說，前頭提到，有一批人上表，勸曹丕當皇帝，說曹丕再不登基，我們很不安啊！這批人中領頭的，正是三十年後篡了曹家大權，又十五年後讓自己孫子篡了曹家江山的督軍、御史中丞，司馬懿。

輯二

為臣殊不易

韓信的命運

明朝學者茅坤《史記鈔》有個說法，韓信用兵之巧，彷彿從天而下，且，從未與敵人血戰。有多巧呢？嗯，看看好啦：

——滅魏。魏國大軍集中在蒲阪（今山西省永濟市）。韓信於是大量疑兵[12]，集中在臨晉附近的渡口，伏兵從夏陽用木罌渡河，偷襲安邑，捉住魏豹。

這是聲東擊西，對地理、河流、敵我位置瞭若指掌後出手。軍隊的執行力與速度，了不起啊。

——破代，在閼與擒了夏說，史書沒談細節，但我們得補一句：閼與這地方，歷來號稱險峻難救。戰國時勇猛如趙將廉頗，都不敢輕易涉足那裡。趙括的爸爸趙奢，就是在此處擊破秦國大將胡傷，地位從此齊平了趙國棟梁廉頗和藺相如。這麼險的地方，韓信搞定了。

——井陘一戰，韓信以少打多擊破陳餘，還弄出了著名成語「背水一戰」。事後韓信對諸將侃侃而談，說置之死地而後生。但他怎麼判斷陳餘一定會出擊？怎麼確認本方軍隊不會崩潰？怎麼規劃騎兵的突擊路線？說來容易做著難。

——定齊，迎戰楚國當時的頭號猛將龍且，韓信又是弱勢兵力。於是半渡打龍且，佯裝退軍，等龍且軍隊半渡，決河放水，急攻殺了龍且，定了齊國。

這是自井陘之戰後，韓信又一次佯退反擊了。井陘之戰是自己背水一戰，定齊之戰是借用水幹掉了龍且。

——垓下一戰，韓信親自鬥項羽。又一次先行後退，張左右兵馬圍擊項羽。項羽一生正面大規模會戰，怕也只敗了這麼一次而已。

明面上，韓信的風格是：

——善用地形：對魏渡河、對趙背水、對龍且決水。

——善於機變忽悠人：對魏聲東擊西、對趙佯退偷襲、對龍且和項羽都是佯退誘敵。

——洞悉心理：掌握了陳餘、龍且和項羽急於求勝的心理；掌握了本方士兵置之死地而後生的心理。

12疑兵：虛設兵陣，以假象迷惑敵人。

——善於佯退誘敵，如上所述。

之前章邯王離、劉邦彭越，那麼多名將和老兵油子，都跟項羽打過。為啥誰都沒法施展韓信這個佯退包圍、一舉得手的法子呢？

因為自古打仗，後退都是個大難題，若不是軍隊令行禁止，一退就潰。然而韓信一而再，再而三地玩詐退誘敵，還玩出花來了。

都知道該兵貴神速。可是為什麼有些部隊就能穿插自如，有些部隊就不行呢？孫子說兵法之妙，風林火山。就是組織訓練到了化境，調動自如。歐洲的腓特烈二世和拿破崙後來都總結過，軍隊的機動速度，取決於訓練度與組織嚴密度。

奇策是花樣，但軍隊戰鬥力，還得靠組織、訓練與控制。

韓信跟劉邦聊天，不說自己的計策有多好，只說自己將兵多多益善，而劉邦不過能將十萬。兵多了有多難管呢？參考前秦苻堅淝水之戰大軍潰敗就知道了，一亂全潰，號令無用。可是韓信啊，兵多了也管得好，能進能退，敢死能戰，什麼計策都玩得出來。難得的是，韓信用的多是臨時新兵。《史記》裡明說了，韓信破魏破代，劉邦就派人把他的精兵收走去對抗項羽，韓信於是自己重新組織新兵訓練。劉邦還曾經拿走過韓信的兵權，讓他自己組織軍隊去打齊國。

帶新兵有多難，把新兵指揮得進退自如有多難？且古代打仗基本靠吼，基層士兵伍長什長許多是文盲，如此韓信還能把軍隊帶得隨心所欲，一輩子開疆拓土卻不太需要硬碰硬血戰，靠機動調度和地形，變著花樣，把一切對手玩弄於股掌之上。真難得。

所謂奇策，用點兒想像力，都施展得出來。說評書的先生們編奇策，那想像力才夠瞧呢。

但蘊藏在奇策背後，這些讓部隊進退自如、運用存乎一心的能耐，這些扎扎實實的組織、訓練與統兵之道，才是韓信最可怕的地方。

哪位會問了：韓信都這麼聰明了，怎麼還能想不通鳥盡弓藏的道理，被劉邦搞掉呢？韓信的命運，與他的性格與自我定位有關，也跟歷史的進程有關——脫離時代背景看一個人的性格，很容易看錯。

太史公煞費苦心地在《淮陰侯列傳》開頭寫了那幾個細節，看懂了，就明白了韓信的一生。

韓信出身布衣，貧無行，當不了吏，又不會做商人，就蹭吃蹭喝。被南昌亭長的老婆擺臉子，韓信氣走了；漂母給他吃的，韓信說一定要回報。之後是著名的胯下之辱。當時對面少年嘲弄他：「若雖長大，好帶刀劍，中情怯耳。」——韓信很喜歡佩劍。

後來項梁渡淮，韓信也佩劍從之。哪怕最窮的時候，韓信都愛佩劍，他把自己當個有身分的人。別人對他不好，他不高興；別人對他好，他就要報答。封王之後，漂母的恩惠，亭長的羞辱，他都報答了。

蕭何後來向劉邦推薦韓信時，說他「國士無雙」。讀過《史記》的，一定對國士這個詞有印象。名刺客豫讓，有兩句名言：一是「中行氏以眾人待我，我故以眾人報之。智伯以國士待我，我故以國士報之」；一是「士為知己者死，女為悅己者容」。

本質上，韓信自視為國士。對知己者效忠報答，此乃戰國以來的遺風，算是那個時代的騎士精神。故此，韓信跟項羽時不見用，便走了；蕭何要舉薦他，他等不及，也走了，蕭何去追他回來；劉邦對他好，他就對劉邦效忠。他還對蒯徹這麼說：

漢王遇我甚厚，載我以其車，衣我以其衣，食我以其食。吾聞之，乘人之車者載人之患，衣人之衣者懷人之憂，食人之食者死人之事，吾豈可以鄉利倍義乎！

既然有恩報恩，有仇報仇，所以韓信總覺得「我功勞大，漢朝總不會坑我吧？」《史記》所謂：「韓信猶豫不忍倍漢，又自以為功多，漢終不奪我齊。」當然，韓信也不是白白效忠的。我對你好，你也得對我好才行！他也要劉邦封他假齊王，他也要劉邦封他楚王。在他看來，這是合理的，國士待我，國士報之，對等的尊嚴嘛！

可惜劉邦不這麼想。

我們都知道，社會大眾思想轉型，要比歷史進程慢一點兒。劉邦大封異姓王滅楚，等滅楚定天下後，又不能容許異姓王的存在，便一個一個幹掉了。後來文景之治是平了吳楚七國，漢武帝推恩令，終於權力完全集中於中央——那是後話了。

秦始皇是搞郡縣制，不分封；劉邦是先分封，再一個個搞掉。他們都不能允許異姓王存在，只是劉邦更委婉。韓信後來被劉邦捉住後，吼了一句憤懣之語：「天下已定，我固當烹！」——天下定了，是該殺我啦！

大概韓信還保持著戰國時那種思維：國士待我，國士報之。你怎麼能鳥盡弓藏呢？

然而時代已經改變了。從秦漢之後，君王不會再把權力輕易分給別人了。君王只要你完全無威脅的效忠，以及萬世一系的權力。韓信總以為國士待我，國士報之，漢不會奪我的封地。可惜，那個時代過去了。所以他一輩子都在當一個國士、一個將軍，卻不是一個政治家呀。

金庸先生寫《碧血劍》，李自成得北京，大功臣李岩卻聽到了這麼一段歌，預言了他之後的命運。

無官方是一身輕，伴君伴虎自古云。
歸家便是三生幸，鳥盡弓藏走狗烹。
子胥功高吳王忌，文種滅吳身首分。
可惜了淮陰命，空留下武穆名。
大功誰及徐將軍？
神機妙算劉伯溫，算不到：
大明天子坐龍廷，文武功臣命歸陰。
嘻，唉。

如何描述一個不孝順的冒險家與貪汙犯

本故事的主角因為出身寒門，沒有留下確切的生卒年月，只有些許中立記載稱其年少時品行不端。與大多數胸懷大志的青年一樣去首都謀出路後，他認識了一個首腦，得到了舉薦。在等候舉薦的過程中，本文主角的父親逝世，他拒絕回家奔喪，隱瞞了消息——這件事敗露後，他理所當然地被投入監獄，連累舉薦他的伯樂被削爵位，得了難聽的謚號。

情知在文官遍地的首都並無出路，本文主角決定去邊塞當冒險家。他在某次軍事行動中，趁長官不知，虛構了皇帝的詔書，召集人馬，在長官企圖反對時按劍威脅，終於逼迫長官隨他完成了一次征伐。立下功勞後，本文主角上了一道漂亮的詔書，陳述自己的所作所為都是出於強烈的愛國心。當然，他此後的行為，也很符合其早期表現出的個性：完成功勛的同時，他據說貪汙了部分的戰利品，當這部分戰利品被查辦時，他轉而指責查辦者，質問他們是否有叛徒的嫌疑。

當這部分貪汙的戰利品最終被曝光時，理所當然地，他被免去了官位。此後，據說他又在一齣外交事件裡誣告他人，顯然有挑撥的嫌疑，他因此一度被判死罪，但還是被輕判了。

當然，這還不是他受賄生涯的盡頭，也不是他違法勾當的結尾。當時的國土建設部長好大喜功，制定了一個遷徙計畫，本文主角表示贊同，說自己將帶頭遷徙來配合此計畫——事實證明，此計畫勞民傷財，一無所成。事後查驗時，發現本文主角所謂的帶頭遷徙純屬空言。於是，當然，本文主角再次下獄，連帶被查出了受賄紀錄，於是再次被發配到邊塞。

至此，本文主角的性情似乎也很明顯了：一個利益至上的冒險家，一個狡猾的投機者，一個大膽的梟雄。但是不只於此。

那一次讓他名垂青史的軍事行動——虛構皇帝詔書、擅自聚集人馬、脅迫長官依從——是漢朝歷史上最偉大的行動之一：活捉到了匈奴單于，從此半永久性地解決了西漢朝的漠北威脅。在他著名的詔書裡，聰明地將他的擅自行動，歸為「賴陛下神靈」，將他的目的歸結為一句名傳後世的話：「以示萬里，明犯強漢者，雖遠必誅！」

是了，本文主角就是西漢末年名將，陳湯。

他這句「以示萬里，明犯強漢者，雖遠必誅」名垂後世，比他的隱瞞父喪、貪汙腐敗、陽奉陰違、誣告康居等破事，有名得多了。

我們描述一個英雄人物時，往往希望他立功立德，極盡完美。但大多數時候，功德難兩全。勇決者多不免魯莽，沉穩者多不免柔懦；善智計者多難免陰險，熱誠坦率者多會顯遲鈍。大多數卓越品德，很難恰到好處地達到恰好完美的地步。而從不同的角度，也可以得出不同的結論。

比如我們可以說，陳湯多少是用他的愛國情操，遮蓋了他底下那些利益至上的破事，以至於他那句愛國的口號，都帶一點兒免罪邀功的色彩。但我們也可以說，若非他骨子裡是個利益至上的冒險家，是個會瞞父喪、矯詔書、抗領導、搞貪汙的傢伙，他也做不出這樣膽大妄為、然而成果驚人的功業了。

世上大多數非常之事，都需要有點兒非常的熱情支撐；而這種非常的熱情，並不總能恰到好處地用對地方。從概率上來說，道德完美的英雄，實在是小概率的產物；大多數英雄都瑕瑜互見——用魯迅先生的說法就是：有缺點的戰士終究是戰士，完美的蒼蠅，也終究不過是蒼蠅。

諸葛亮，奇謀為短？

關於諸葛亮的軍事能力，有種說法：

> 然亮才，於治戎為長，奇謀為短，理民之幹，優於將略。而所與對敵，或值人傑，加眾寡不侔，攻守異體，故雖連年動眾，未能有克。（陳壽《三國志．蜀志．諸葛亮傳》）

這段話的意思是，諸葛亮的才華，長於治戎，短於奇謀；民政才華勝過將略。他所對敵者又是人傑，加上寡不敵眾，又加上是主動進攻，所以雖然連年用兵，卻沒能成功。

眾所周知，這段話已被各色「我來告訴你一個歷史上的諸葛亮」之類的玩意兒用膩了。既如此，就以他出師未捷身先死的北伐，來說說諸葛亮的短處：奇謀與戰略。

一、有必要北伐嗎？

一種說法是，諸葛亮北伐空耗國力。

然而裴松之注的原文，說得明白：諸葛亮出兵時軍紀太好，所以國內沒啥問題，所謂「行法嚴而國人悅服，用民盡其力而下不怨。及其兵出入如賓，行不寇，芻蕘者不獵，如在國中。其用兵也，止如山，進退如風，兵出之日，天下震動，而人心不憂」。反而是魏國，被諸葛亮撓得不爽，簡直覺都要睡不好。所謂「若此人不亡，終其志意，連年運思，刻日興謀，則涼、雍不解甲，中國不釋鞍」。

所以諸葛亮北伐，實在是自己人不慌，魏國著忙。

哪位說了：諸葛亮不北伐多好啊，蹲守蜀地當烏龜，過個幾十年再說。可是魏國的孫資，就這麼打過如意算盤：曹魏九州半，吳國二州半，蜀漢一州之地。大家憋著唄，沒幾年，曹魏就得意了，是所謂「數年之間，中國日盛，吳蜀二虜必自罷弊」。

北伐則魏憂漢安，不北伐則必自罷弊。諸葛亮的選擇呢？以攻為守唄。

二、形勢

西元二二〇——二二三年，劉備、關羽、張飛、馬超、黃忠、法正等相繼謝世；夷陵一炬，蜀漢精英喪盡。劉備死的那年，魏國老幾位分別給諸葛亮寫書信，表示天命在咱大魏，你如果舉國稱藩，豈不美哉？諸葛亮不回信。《三國志．蜀書．諸葛亮傳》，注引《諸葛亮集》：「是歲，魏司徒華歆、司空王朗、尚書令陳群、太史令許芝、謁者僕射諸葛璋各有書與亮，陳天命人事，欲使舉國稱藩。亮遂不報書。」

蜀道難，是為蜀漢天然屏障。歷史上因為蜀道難難於上青天，川中很容易憑險割據；但也因為蜀道難，川中勢力很難打出去。

歷來以川中為根據地而得天下者，那是沒有的。劉邦以漢中起家得天下算最接近了，但當日劉邦還定三秦，三秦當家都是降將，不算得人心，且漢水尚可運糧。而西元前一八六年的武都地震，改變了漢水流向，使得諸葛亮無法走當年韓信的道路了。所以諸葛亮北伐，是在試圖完成一個歷史上沒人完成的偉業。

諸葛亮的理想《隆中對》，在關羽死前，本也有點兒模樣：一路出秦川，一路出宛洛，鉗形攻勢；待中原有變，便可動手。當然，關羽一死，荊州一失，所謂的左右開弓，只剩了單線出擊。天不時、地不利、人不和。《三國演義》這部小說，因為是小說，打起來一般是：張佳瑋（本書作者）與甜甜圈戰不三合，拖槍便走；甜甜圈引兵追來，忽聽一聲炮響，伏兵齊出，左有油條，右有年糕，趁亂放火，甜甜圈大敗，張佳瑋翻身殺回……

諸葛亮的戰略，自然沒這麼簡單。

三、一伐

歷史上有個著名的「如果」：如果按傳說中魏延的子午谷戰略偷襲，能成功嗎？

實際上，這麼做想成功，需要同時滿足以下要求：

——五千精兵確實能十天趕到長安。

——長安守軍要笨到措手不及被直接取城，因為十天急行軍的部隊無法帶攻城器械。

——諸葛亮後續部隊必須也準時趕到，不然五千人立刻會被魏國反過來包餃子。

蜀漢人口不過九十萬，北線可用之兵不過十萬，精銳更屈指可數。能用來賭博一擲嗎？

後來李自成之前的闖王高迎祥倒是出過子午谷，結果嘛……於是李自成就成了闖王。

西元二二八年春天，諸葛亮揚聲出箕谷，用當時蜀漢上一代的傳奇將軍趙雲作幌子。諸葛亮自己走隴右，真是聲東擊西。這就是所謂第一次北伐。

為什麼是西元二二八年呢？此前兩年，諸葛亮平定了南方，所謂南方已定兵甲已足，鍛鍊了隊伍繳獲了物資。

且西元二二六年曹丕去世，夏天孫權攻打江夏與襄陽，次年孟達造反。二二七年冬天諸葛亮出師，讓曹魏在東南和南面頭疼後，西面也遭打擊了。

出擊時機並不錯，曹魏毫無防備，大驚失色。南安、天水、永安三郡叛魏回應諸葛亮，關中響震。《魏略》也表示，魏國都沒想到蜀漢會忽然出來：

始，國家以蜀中惟有劉備。備既死，數歲寂然無聲，是以略無備預；而卒聞亮出，朝野恐懼，隴右、祁山尤甚，故三郡同時應亮。

這麼出人意料，大概也稱得上是出奇制勝了吧？設若諸葛亮奇謀為短，那被他嚇得朝野恐懼的曹魏諸位，是不是心理承受能力太弱了呢？

當然，之後便是街亭與箕谷敗北。街亭之戰，諸葛亮讓馬謖在前對張郃，自己是指望接受了三郡後前來的。但張郃來得太快，馬謖又沒聽諸葛亮的布置，所謂「違亮節度」。

馬謖敗北，諸葛亮退兵，一伐結束。一伐之失，在於用錯了人，馬謖自己作死，以及兵力分散。但大體戰略目標，本來是完成了的，趙雲聲東，諸葛亮擊西。三郡也到手了，可惜又吐出去了，只是帶走了些人民。

當然，諸葛亮還是順便從三郡撈到了後來的蜀漢脊梁姜維。曹魏這邊，老將張郃完成了一生最輝煌的戰役。當時所謂「自諸葛亮皆憚之」，大概也是從此開始——諸葛亮盯上張郃了。

四、二伐與三伐

魏國方面的反應是：曹真派郝昭屯兵陳倉。

——其實也不難理解。諸葛亮先前出隴右失手，進軍線路可選擇的就少了。二二八年秋天，陸遜於石亭大破曹休。冬天，諸葛亮朝陳倉來了。按時間推算，諸葛亮上了《後出師表》後，一個月已到陳倉城下，但顯然所部不多。又圍了陳倉一個月，收工了。

故二伐更像是個假動作。曹叡派張郃去打諸葛亮，張郃發揮他著名的巧變與計算，說自己還沒到，諸葛亮就會糧盡退兵。

連對手都猜得出諸葛亮是出來打一槍就回去的。當然，諸葛亮也撈了點好處，撤軍時一個回馬槍，殺了魏將王雙。

眾所周知，冷兵器時代，大規模殺傷多在追擊中出現。當年孫權打合肥撤退，被張遼追殺，後世所謂「威震逍遙津」。

諸葛亮卻來了個回馬槍反擊得手。則其軍紀之嚴謹，部隊戰鬥力之強，可以想見。

然而還沒結束呢。

西元二二八年年底，諸葛亮陳倉退兵，下一年春天，陳式出現在西面，向武都與陰平去；魏雍州刺史郭淮來救，諸葛亮大軍直向建威；郭淮是老江湖了，當年在漢中見識過夏侯淵怎麼被斬的，對危機極有嗅覺，趕緊走。

蜀漢得了武都與陰平，後者在歷史上大大有名，是三十多年後鄧艾偷渡陰平取成都那一路，戰略地位，那也不用提了。

事後看來，二伐與三伐是這樣的：

曹真料定諸葛亮要走陳倉，諸葛亮確實圍了圍陳倉，一個月收工，回馬槍殺了王雙。轉過年來，陳式在另一邊端了武都與陰平，諸葛亮後續隨之，郭淮敏銳地躲開了。

比起一伐，趙雲與諸葛亮玩聲東擊西，二、三伐則是諸葛亮親自在陳倉晃了一下回去了，陳式在另一邊拿了地盤。

這裡有個插曲：西元二三〇年，曹魏大將軍曹真伐蜀漢，未遂。同年諸葛亮派魏延與吳懿西出羌中，破了費曜與郭淮。

這一戰後，魏延封南鄭侯、授假節。想想魏延在劉備麾下，漢中太守；在諸葛亮麾下，南鄭侯、假節、領涼州刺史。不妨說，諸葛亮才是盡了魏延之才的真伯樂啊。

至於後來所謂「諸葛遺計殺魏延」，出自羅貫中的小說家言。正史而論，魏延更像是得罪人太多，都是諸葛亮護著，於是驕橫跋扈；到諸葛亮死後，魏延搗亂，而先前的同事楊儀為首，一起跟他對著幹。那是魏延自己的事了。

五、諸葛亮對司馬懿

西元二三〇年，曹魏攻打漢中未遂。再半年後，諸葛亮以木牛運糧，包圍祁山。曹魏那邊，司馬懿來了。

《三國志》說得極簡略：

九年，亮復出祁山，以木牛運；糧盡退軍，與魏將張郃交戰，射殺郃。

沒法子，因為《三國志》作者陳壽人逢晉朝，涉及晉宣帝司馬懿，沒法直說。

《晉書》說：

張郃勸帝分軍往雍、郿為後鎮，帝曰：「料前軍獨能當之者，將軍言是也。若不能當，而分為前後，此楚之三軍所以為黥布禽也。」遂進軍隃麋。亮聞大軍且至，乃自帥眾將芟上邽之麥。諸將皆懼，帝曰：「亮慮多決少，必安營自固，然後芟麥，吾得二日兼行足矣。」於是卷甲晨夜赴之，亮望塵而遁。帝曰：「吾倍道疲勞，此曉兵者之所貪也。亮不敢據渭水，此易與耳。」進次漢陽，與亮相遇，帝列陣以待之。使將牛金輕騎餌之，兵才接而亮退，追至祁山。亮屯鹵城，據南北二山，斷水為重圍。帝攻拔其圍，亮宵遁，追擊破之，俘斬萬計。天子使使者勞軍，增封邑。

《漢晉春秋》曰：

……宣王使曜、陵留精兵四千守上邽，餘眾悉出，西救祁山。郃欲分兵駐雍、郿，宣王曰：「料前軍能獨當之者，將軍言是也；若不能當而分為前後，此楚之三軍所以為黥布禽也。」遂進。亮分兵留攻，自逆宣王於上邽。郭淮、費曜等徼亮，亮破之，因大芟刈其麥，與宣王遇於上邽之東，斂兵依險，軍不得交，亮引而還。宣王尋亮至於鹵城。張郃曰：「彼遠來逆我，請戰不得，謂我利在不戰，欲以長計制之也。且祁山知大軍以在近，人情自固，可止屯於此，分為奇兵，示出其後，不宜進前而不敢逼，坐失民望也。今亮懸軍食少，亦行去矣。」宣王不從，故尋亮。既至，又登山掘營，不肯戰。賈詡、魏平數請戰，因曰：「公畏蜀如畏虎，奈天下笑何！」宣王病之。諸將咸請戰。五月辛巳，乃使張郃攻無當監何平於南圍，自案中道向亮。亮使魏延、高翔、吳班赴拒，大破之，獲甲首三千級，玄鎧五千領，角弩三千一百張，宣王還保營。

可歸納出的事實是：諸葛亮過來了；張郃要求分兵駐守，司馬懿沒聽；諸葛亮去上邽，割走了麥子。

說法不一的是：《晉書》沒提諸葛亮割麥之前，擊破了郭淮與費曜。《晉書》也沒提司馬懿被諸將抱怨「畏蜀如虎」，於是司馬懿出戰與張郃在鹵城打諸葛亮，被諸葛亮大破，戰果就是甲首三千、玄鎧五千、角弩三千一百。

之後諸葛亮糧盡退軍，張郃追殺，在木門道被諸葛亮一個回馬槍，膝蓋中了一箭，死了。

《晉書》裡吹說司馬懿在鹵城一帶擊破諸葛亮。但是：

——街亭馬謖敗後，諸葛亮自貶；四伐之後，諸葛亮卻沒自貶，可猜想蜀漢沒有大敗。

——司馬懿鹵城一戰後，一直避免再戰，怎麼看都不像是贏了的樣子。他老人家那可是侵略如火、落井下石、得理不讓人的打法呀。

——張郃是在追擊諸葛亮時死在木門道的，木門道在鹵城東北，按說蜀漢退軍該是往西南走，張郃怎麼追著追著追到東北去了呢？

所以真相大致是：

諸葛亮在上邽割了麥子，司馬懿被晃了；之後在鹵城，諸將說司馬懿畏蜀如虎，司馬懿於是出戰，大敗給諸葛亮，是所謂甲首三千。

諸葛亮戰線推進，司馬懿從此龜縮不出。等諸葛亮糧盡，張郃大概記著當年王雙的事，勸說別追擊，司馬懿卻非要追——於是曹魏的開國元勛、打了半個世紀仗的張郃，被諸葛亮射死在鹵城東北的木門道。

這一場，司馬懿打得實在不好看。被諸葛亮割了麥子，還被打了個甲首三千；好不容易諸葛亮退兵了，司馬懿還送了個名將張郃。

六、五丈原

西元二三一年被諸葛亮如此收拾過一番之後，一向侵略如火、狠辣迅疾的司馬懿，忽然轉性，變成了後世我們所認識的那個固守專家。

三年後，諸葛亮用流馬運糧，在斜谷堆積夠了糧草出擊了。司馬懿玩起了千里請戰那套把戲，被諸葛亮送了女裝激將，也堅守不出。

諸葛亮的前四伐，第一伐是趙雲虛晃、諸葛亮平三郡；第二、三伐是諸葛亮虛晃陳倉糧盡退兵，再陳式取二郡；第四伐是諸葛亮親自到上邽割了麥子，再鹵城大勝，然後糧盡退兵。

說穿了，諸葛亮真正的問題不是司馬懿，是糧食。

所以第五伐，又是在斜谷堆積糧草，又是在渭水之畔屯田，糧草的問題算是半解決了。

司馬懿大概也很頭疼。打是打不過，經常被晃過，人家又就地取糧食，被人家堵在門口還走不出去了！

終於諸葛亮過世了，但司馬懿又被晃了一次，這次連《晉書》都不諱言了：

諸葛亮死，司馬懿出兵追殺。楊儀反旗鳴鼓，司馬懿忽然決定「窮寇莫追」，就眼看著楊儀走了。

——等等，如果窮寇莫追，你幹麼追過來？來專門送行嗎？

——顯然，就像張郃被王雙之死嚇怕了似的，司馬懿也被張郃之死嚇怕了。

——所以當地百姓唱出了真相：這是死諸葛走生仲達。司馬懿也只好自嘲笑笑。

諸葛亮逝後，司馬懿重新擺起所向無敵、動如電閃的架式。

先前他破孟達，乃是孟達要反，猜司馬懿要一個月到；司馬懿急行軍，八日趕到，出其不意，圍住，導致孟達部內亂，解決。

諸葛亮逝世後三年，司馬懿破公孫淵。出發前就算好需要一年。具體實施，則聲東擊西，佯攻圍塹，渡過遼水，直取襄平，圍點打援，圍了襄平，解決。

又十二年後，司馬懿發動正始之變奪權，之後又擊破王凌，王凌詐稱吳人在塗水有軍事行動，要求發兵征討，司馬懿看穿了一切；於是司馬懿九天趕到甘城，王凌解決。

在司馬懿漫長的軍事生涯裡，始終秉持著一個快字、一個狠字。迅疾、變詐、聲東擊西，判斷力極其驚人。唯獨在西元二三一年和西元二三四年，他變了。「畏蜀如虎」、「窮寇不逼」。他征戰遼東前，能推算到一年就能收工，可是諸葛亮死，他卻自嘲了句：「不便料死」。

那的確是因為，諸葛亮讓他猜不透吧？

《三國志》裡，陳壽說諸葛亮：

然亮才，於治戎為長，奇謀為短，理民之幹，優於將略。而所與對敵，或值人傑，加眾寡不侔，攻守異體，故雖連年動眾，未能有克。

諸葛亮的才華，治戎是長處，奇謀是短處。

但如本文所述，諸葛亮五次北伐，一伐嚇得曹魏朝野震怖；二、三伐拿到二郡，回馬槍殺了王雙；四伐到上邽割麥，進擊司馬懿打出甲首三千，回馬槍殺掉曹魏戰曆近半個世紀的老將張郃；五伐讓素來狠辣的司馬懿龜縮不出，而且「死諸葛走生仲達」。

大概可以這麼理解：

諸葛亮：「理民和治戎這幾門課我都是一百分。奇謀嘛就差一點兒了，九十五分吧。」

陳壽還說，諸葛亮所以未能有克，是因為他的對手「或值人傑，加眾寡不侔，攻守異體」。

這是告訴司馬懿、曹真、張郃、郭淮們：「您諸位了不起，是人傑，加上您諸位人多，加上您諸位是防守，諸葛亮是進攻，所以他沒能攻克。」

這種說話風格其實很陳壽。如果您沒咂摸[13]出滋味，來感受下陳壽在《三國志》裡對魏文帝曹丕的點評：

13 咂摸：尋思、意會。

文帝天資文藻，下筆成章，博聞強識，才藝兼該；若加之曠大之度，勵以公平之誠，邁志存道，克廣德心，則古之賢主，何遠之有哉！

意思是：曹丕文章寫得好，有學問，有才藝；如果有大度、夠真誠、多講點兒仁德，離古代的賢君也不遠啦！

這就是說話的藝術了。陳壽的真實意思，可以這麼理解：曹丕沒度量、不真誠、不仁不德。也就是文章寫得好，有學問，有才藝而已。

所以，「然亮才，於治戎為長，奇謀為短，理民之幹，優於將略。而所與對敵，或值人傑，加眾寡不侔，攻守異體，故雖連年動眾，未能有克」這句話從頭到尾，再咂摸一遍味道。

——諸葛亮的專業是治戎理民，奇謀將略就業餘愛好，雖然也把您幾位晃得夠嗆，那都不算事；您諸位嘛都是人傑，人又多，又是諸葛亮攻你們守，當然搞不定您諸位啦！這話裡，其實充滿了深深的驕傲啊。

出爾反爾司馬懿與魏晉風度

（上）正始之變

一般說到司馬懿正始之變奪權，都會強調他多能忍。《三國演義》還講了個著名的故事，所謂「詐病賺曹爽」。好像曹家一直防著司馬懿，司馬懿於是忍耐著忍耐著，等魏國大將軍曹爽對他放鬆警惕了，突然發難，搞定了曹爽。

聽上去像個忍辱負重最後奮起的勵志故事嗎？

然而並不盡然。

正史裡，司馬懿一直被曹家寵幸。曹丕與曹叡，兩代天子都託孤於他。西元二三九年曹叡託孤時，還有著名的「視吾面」之語。當日，曹爽與司馬懿一起受了託孤顧命。曹爽與司馬懿並無私仇，所以一開始，還對司馬懿挺好，禮節上把他當爸爸對待，所謂：「初，爽以宣王年德並高，恆父事之，不敢專行。」

當然，政治鬥爭嘛，難免要奪權。曹爽於是推尊司馬懿為太傅。但曹爽也並未對司馬懿加以人身迫害，於是司馬懿裝病了。按《三國志·魏書·諸夏侯曹傳》：

及晏等進用，咸共推戴，說爽以權重不宜委之於人。乃以晏、颺、謐為尚書，晏典選舉，軌司隸校尉，勝河南尹，諸事希復由宣王。宣王遂稱疾避爽。

這裡得說曹爽自己的性格。他是曹真之子，從小跟曹叡玩兒，少年貴冑，出入宮廷，帶兵伐過一次蜀漢，失敗了。大概他對司馬懿這種老兵油子很是忌憚，對自己的軍事才能也不太自信。曹爽後來搞了個正始改制，其間涉及用何晏等年輕人掌事。這一招得罪了魏國許多老元勛，導火線就此埋下。

西元二四九年初，曹魏天子曹芳和曹爽兄弟出門了。司馬懿發動兵變，占領洛陽。簇擁在司馬懿周圍的，是高柔、蔣濟這些為曹魏做事幾十年的老元勛。那時節，司馬懿所掌握的，只是洛陽；真正的骨幹力量，是兒子司馬師私下預備的死士三千。

曹爽的資本，是天子，以及大將軍印璽。所以桓範勸他擁著天子召集兵馬，討伐司馬懿謀反。

司馬懿的政治資本其實並不太多：天子與兵權，都在曹爽手裡。司馬懿的資本，是開國老元勛們的支援。

曹爽自然也明白這點。司馬懿知道曹爽一定也明白這一點。所以直到這一刻，司馬懿依然沒成功。即，他的隱忍，只能支撐到他起兵而已。

司馬懿真正成功的關鍵是：在司馬懿的勸誘之下，曹爽自己放棄了軍權。

何以會放棄？因為司馬懿不斷派朝廷重臣如尹大目、陳泰們，前去說降曹爽，說司馬懿指著洛水發誓了，只要曹爽的兵權，不要性命。《晉書．宣帝傳》說司馬懿「又遣爽所信殿中校尉尹大目諭爽，指洛水為誓，爽意信之」。

甚至當朝太尉蔣濟，親自寫書信給曹爽說了：司馬懿絕對只要曹爽的兵權，不要性命。曹爽可以不信司馬懿，但這老幾位說的話，曹爽是信的。

尹大目是殿中校尉，陳泰是陳群的兒子，蔣濟更是四十年前就跟孫權鬥的老人了，現任太尉。蔣濟之前的魏國太尉，是賈詡與司馬懿。這些人都是曹魏社稷之臣，是司馬懿起事的盟友。這些老元勛的態度可以理解為：「司馬懿只要你的權力，不要你的命。我們來了，就是作保了，你不聽，非要打，就是跟我們打！」

這些老幹部賭咒發誓地來為司馬懿作保，曹爽可以不相信司馬懿，但必須相信這老幾位吧？畢竟曹爽一個宮廷貴公子出身的人物，面對這種打起來未必能贏、放棄了一定能得平安的處境，也會選後者吧？

所以司馬懿成功的真正關鍵，不是他多隱忍，而是利用了盟友們的信用作保人，讓曹爽相信了「只要兵權，不要性命」。

可是司馬懿之後居然出爾反爾，一拿到兵權，轉身就把曹爽殺了！

曹爽自然是完全想不到：諸位老元勛萬無一失的擔保，也可能失效？司馬懿居然可以如此狠毒，如此不要臉？

保人們也愣了：司馬懿啊司馬懿，你這麼一鬧，把我們當什麼？我們不是盟友嗎？先是蔣濟被司馬懿弄懵了：我堂堂一個太尉，我們老同事了，我豁出老臉給你作保，你就這麼打臉我？

——司馬懿後來殺曹爽滅門前，蔣濟還勸司馬懿，說曹爽父親曹真有大功勞，不能讓他滅門絕戶啊！司馬懿不聽。蔣濟終於明白自己居然擔保了個白眼狼，拒絕封賞，過幾個月就氣死了。

尹大目經過這事後，就開始私下裡反叛司馬家了，甚至企圖夥同淮南文欽一起造反。

陳泰從中央被調去雍州，代替郭淮對抗姜維，後來也被司馬家氣死了——那是另一件事：正始之變後十一年，司馬昭與賈充合謀弒君，殺了魏帝曹髦。陳泰初時不肯去見司馬昭，後來被逼著去了，司馬昭問他怎麼辦，陳泰說：殺賈充。司馬昭問可不可以再讓步？陳泰說：只有更進一步的，毫無讓步可能——那意思，沒追究你司馬昭的責任，就算不錯了——陳泰同年去世。

《漢晉春秋》說陳泰是因此事自殺，《魏氏春秋》說陳泰因此事吐血而死。後世都說，司馬懿能忍善斷，才能得了天下。然而司馬家政變的成功關鍵，不在於能忍，不在於善斷，更不在於能裝病，而在於能賣盟友，能騙自己人，還能出爾反爾，把自己說過的誓言加上盟友的臉皮一起當爛泥踩。這份狠毒與厚臉皮，完全突破了當時的政治底線，把自己人和對手都震驚了。

所以從西元二五〇年到西元二五八年的淮南三叛，每次背叛司馬家的，都是之前為司馬家出力的功臣——之後都死得乾乾淨淨的。

（下）魏晉風度

現在論及魏晉，多以「風」字為詞。風度、風流、風神、風雅，不一而足。大部分的現代人懷想魏晉，就是嵇康的〈廣陵散〉、阮籍的歧路嘆、劉伶的酒、何晏的五石散，很給人一種古代嬉皮之感。看得人饞了，還忍不住照學：寬袍大袖，飲酒長嘯，寫詩服散，多帥啊！「越名教而任自然」，多瀟灑啊！

然而很多人會遺忘這麼個細節：說魏晉風度時，常會補一句當時「政治黑暗」。

這句話，輕忽不得。

魏晉諸位，不是平白無故地發現了老莊的美妙，撥弄起玄學，愛上了清談。他們的所作所為，是有道理、有因果的。

晉初有篇文章《陳情表》，李密所寫，極有名。李密要報祖母撫育之恩，不能去當太子洗馬的官兒，文章詞句懇切，千古流傳。

但這裡面，有些別的東西。

李密時年四十來歲，原來是蜀漢舊官。蜀漢滅亡，他做為當時名士，被晉朝請出來做官，辭官不就。李密這封《陳情表》寫得懇切，但也聰明：我不出來，不是對新朝廷不滿意啊，純粹是有祖母要照顧！

這麼一來，晉朝也沒法強徵他出來了，不然有違孝道啊。

新舊朝廷交替時節，文人都無法獨善其身。

哪位問了：為什麼晉朝要以孝治天下？因為司馬家弒君立國，沒法說自己忠啊。

且說回魏晉風度。

魏晉時的風流人物與小逸事，因為《世說新語》的緣故，眾所周知。比如五石散的祖師爺何晏，面色雪白，曹丕都奇怪他怎麼這麼白，是否敷了粉？還特意大庭廣眾請他吃熱湯餅，看他是不是出汗，粉會不會掉下來。

然而何晏實是曹操的女婿，小時候就在曹操身邊長大。他後來依附大將軍曹爽時，一度幾乎要掌握魏國的人事更迭大權。到司馬懿正始之變，奪了政權，連何晏一起收拾了。比如阮籍，天下都知道他早年傲，會說「時無英雄，遂使豎子成名」這類話，會歧路大哭，會做青白眼。然而阮籍的爸爸叫阮瑀，建安七子之一，當過曹操的祕書。世稱阮籍為阮步兵，是因為他當過步兵校尉——那會兒步兵校尉為五校尉之一，離中央很近。哪怕阮籍瀟灑地遠離政治，地位身分依然不低。比如嵇康，眾所周知，打鐵時不理會鐘會，後來又得罪了司馬昭，被殺之前彈了〈廣陵散〉，所謂「廣陵散從此絕矣」。然而他妻子是長樂亭主，算來嵇康還論得上是曹操的孫女婿。

嵇康著名的《與山巨源絕交書》，是寫給山濤的。山濤四十歲才出山做官，算是晚了，然而，他的從祖姑是張春華的母親，張春華則是司馬懿的太太，司馬師和司馬昭的親媽。所以山濤當官，是司馬師直接提的。之後累官一度到過太傅與司徒。所以，魏晉風度的老幾位，不是什麼民間散仙，而分別是曹操的女婿、曹操的孫女婿、曹操祕書的兒子、司馬懿老婆的親戚……而且人人位高爵顯。

這麼一聽，是不是他們那些狂放瀟灑的言行舉止，味道就不同了？

比如，如上所述，《陳情表》既是李密的一篇感人的抒情文，也可算是一篇端正的推辭文。

比如，嵇康寫過名文《管蔡論》，看著是討論周朝時的歷史真相，其實有暗示司馬昭專權的事。這種話，司馬昭當然不能任他隨便說咯。

所以魏晉時人所謂言談玄遠，絕口不臧否人物，既是種哲學表達，也與局勢有關。當時司馬氏著實殺了不少名士。所以向秀這類名士，後來都低調地不太說話了。

很多年後，金庸先生寫《笑傲江湖》，衡山派劉正風與魔教長老曲洋交好，一起作《笑傲江湖之曲》，所以考慮金盆洗手，退出江湖。然而左冷禪鬥爭的那根弦綳得緊，不讓劉正風金盆洗手。劉正風如果是一介平民，反而要好些，可惜了他是衡山派大人物，於是難以獨善其身。

所以我們論及魏晉時，真沒法說他們老幾位多自在。他們大多身處嫌疑之位，摘不清，躲不明，未必想當官可是官都給你備好了，想要不表態卻又不可得。

上古政治，就是這麼殘酷，動不動就肉體消滅。許多的不羈和瀟灑，說到底，都是被逼出來的呀。

後來晉明帝聽王導訴說自己司馬氏起家的歷史，害羞到埋臉，說得國如此，我們這國祚如何能長久？

是啊，靠不講信義，發了誓不認，做了擔保不遵，跟盟友一起鬧事臨了把盟友一輩子的信用拿出去賣了，以殺伐為能事的玩意兒，這種政權，可能長久嗎？

何況曹魏沒對不起司馬懿啊。李世民後來忍不住在《晉書．宣帝傳》裡評點司馬懿：「受遺二主，佐命三朝，既承忍死之託，曾無殉生之報。」——兩個皇帝向你託孤，三朝老臣，你就這麼對待曹魏？

為什麼西晉初年會大封同姓二十七王，最後終於鬧到八王之亂，社稷傾覆？

為什麼阮籍們一輩子都只能寫寫詩，言則玄遠？

最初的禍根，早在高平陵之變，司馬懿出爾反爾的瞬間，就埋下了。

岳飛、秦檜、宋高宗

一、靖康之恥的背後

靖康之恥，北宋滅亡，徽、欽二帝被搶到金國，宋朝各色公主後妃慘遭金人殘忍蹂躪，是為中國十二世紀最大的慘事，北宋的大恥辱。

然而這件事後，金國內部的暗流湧動，也值得玩味。

金國開國皇帝乃是完顏阿骨打。金國將領在中國民間最有名的，大概是跟韓世忠、岳飛們打來打去的四太子金兀朮。

但當時滅宋前後，金國倚重三位大佬：完顏宗望、完顏宗翰、完顏宗磐。

宗望號稱菩薩太子，算三人裡相對不錯的；宗翰性格英武桀驁得多，也殘忍得多；宗磐則是金太宗長子，本來有繼承權，後來卻沒成皇帝，只封了太師。

這三位本來並非鐵板一塊。

《靖康稗史箋證》之四《南征錄彙》說了這麼個故事：

金國小皇帝某日請被俘虜來的宋欽宗打球。完顏宗望親自下場玩兒。氣氛還不算嚇人。完顏宗磐忽然來了，還大聲呵斥，欽宗看了就怕。

後來宗望私下裡跟宋欽宗商量，打算放他回去，建立個傀儡政權，讓宋朝向金國稱臣算了。欽宗手下幾個人都答應了，能活命總好過當囚徒，先回去再說。

然而宗翰和宗磐不同意這個計畫。宗翰去逼問宗望：「你幹麼偏袒宋朝？」宗磐也幫腔：「都元帥完顏斜也，那也是站我們這邊的！」

宗望大怒：「南征宋朝是我首謀，本來就該我說了算！」

之後三位吵翻了，宗望悻悻而去。宗翰和宗磐就此越發肆無忌憚，肆意凌虐宋朝二位皇帝以及後妃公主。

按照完顏宗望的意思，保留個宋朝皇帝的位置，讓宋朝向金國稱臣；宗翰和宗磐邪惡得多，他們扶植了張邦昌和劉豫這些傀儡政權，那就是分裂中華了。既然宗望在這一局中辯輸了，宗翰和宗磐虐待起兩個皇帝來，自然格外惡毒。宗翰後來做了件大惡事，當眾折磨兩個皇帝取樂，看宋朝隨來的李若水阻止，就割了李若水舌頭，挖目斷手——這段史實太慘烈，小說《說岳全傳》裡也提到過。

當然，多行不義必自斃。十年後，宋徽宗過世；又一年後，宗翰政治鬥爭失敗，抑鬱而死，後代被金海陵王完顏亮滅門；又三年後，宗磐被金熙宗誅殺。宋欽宗又多活了十七年，比他倆活得都久。

中古的政治鬥爭，從來就這麼血腥荒誕又離奇。

而靖康之恥，倒楣的也非只北宋朝廷。當日被金國俘虜者命運慘烈，所謂「華人男女，驅而北者，無慮十餘萬」。而其中死者則：「殺人如割麻，臭聞數百里。」岳飛後來收復建康時，多見死者手足不全。

在人類歷史的絕大多數時間，戰爭公約之類出現之前，亡國的士大夫或漢奸或許受點兒禮遇，背後可是千萬生靈成了奴隸。因為亡國之後，平民的命就完全仰人鼻息，只看對方打算怎麼處置了。

金人是遊牧民族。遊牧民族掠奪農耕民族的勞動成果與人力，乃是歷史上屢見不鮮的故事。所以在中古，維持一個中原政權，保證農耕民族百姓的安居樂業，不受遊牧民族劫掠，是古來賢相名將的心願。

所謂岳飛精忠報國，除了保宋朝天子，也為了救護黎庶。畢竟在中古，覆巢之下無完卵啊。

二、秦檜

秦檜是千古奸臣，以「莫須有」坑害岳飛，賣國求盟。這些事實，自己不必論。

後世偶或有人為秦檜辯白，多會念叨岳飛過於耿直、宋高宗鐵了心要殺岳飛云云，說秦檜無非為虎作倀，為宋高宗當了殺人刀，卻是小看了這奸賊。

秦檜是為了求和而殺岳飛，高宗卻是為了收軍權而求和，狼狽為奸，互相利用而已。故此高宗之惡，並不抵消秦檜之惡——兩個都不是好人。

且秦檜之惡，不只於此。

秦檜害死了岳飛，搞定與金國的和議，加了太師，從此越發無恥。之前，他將趙鼎貶潮州，王庶貶道州，胡銓再貶新州。到此又加了一重鎖：遇大赦，這幾位也不許回來。

福建浙江發了水災，右武大夫白鍔說了句「燮理乖謬」，被刺配[14]萬安軍。太學生張伯麟寫了句：「夫差，爾忘越王殺而父乎？」諷刺宋高宗與秦檜忘本，也被刺配。甚至刺配了，秦檜還是能迫害，他派人每個月去看趙鼎在流放地怎麼樣，是不是快死了。趙鼎於是絕食而死。可怕的是，趙鼎門生故吏聽說他死的，只要嘆氣了，也要被秦檜加罪。

本來南宋之前，唱戲的是有資格說點笑話的。但《貫耳錄》提了一個故事：有個優伶說玩笑話，說宋高宗趙構戴的帽子，後腦上的環叫二聖環，所以「二聖環只放在腦後」，

14 刺配：古代在罪犯臉上刺字後，送往遠方充軍。

嘲諷趙構不管父親和大哥兩位皇帝的死活，秦檜立時把這個優伶給殺了。

而後，秦檜又禁止民間自撰野史，有做野史者便遭告發。總而言之，秦檜是個地地道道的流氓。《續資治通鑑》裡說他死時，還上了遺表：「願陛下益固鄰國之歡盟，深思宗社之大計，謹國是之搖動，杜邪黨之窺覦。」所謂「固鄰國之歡盟」，這詞耳熟麼？這是南宋版的「結與國之歡心」啊。

三、岳飛的性格

近代以來，頗有些人會如此念叨：岳飛死了，是他太直了，不夠會做人。

然而並非如此。

早年岳飛跟隨宗澤時，宗澤要教岳飛陣法。岳飛其實喜歡野戰，於是說了那句名言，「陣而後戰，兵法之常；運用之妙，存乎一心」。他想說的是後半句，但前半句給老領導面子。宗澤也點頭——宗澤大概不會覺得岳飛不會做人。

張用在江西為寇時，岳飛寫信勸降。第一句「吾與汝同里」就說：咱倆同鄉啊，之後吹自己的戰績，末了說「今吾在此，欲戰則出，不戰則降」。不卑不亢地勸降，又給了對方面子。張用一句「果吾父也」降了——張用大概不會覺得岳飛不會做人。

岳飛帶兵平了襄漢後，立刻向朝廷請辭制置使，讓其他重臣經營荊襄。他如此懂得避嫌，當朝宰相趙鼎對此大為讚賞——他大概不會覺得岳飛不會做人。

洞庭湖的黃佐投降了岳飛，岳飛表授他武義大夫，獨自到黃佐那裡，摸人家背誇人家，許諾黃佐立功可以封侯，又試探性地問：讓你回去洞庭湖做內應，如何？黃佐感泣，誓以死報——黃佐大概不會覺得岳飛不會做人。

為岳飛奮勇作戰，在小商河戰死的楊再興，先前做盜寇時，曾經殺了岳飛的弟弟岳翻。他投降之日，岳飛毫不記仇，告訴他別念舊惡，要以殺敵立功為第一。楊再興感念岳飛大恩，捨生忘死，為國捐軀——他大概不會覺得岳飛不會做人。

宋高宗趙構要削兵權，第一個預備對付的是韓世忠。岳飛幫襯了韓世忠，讓他來得及進宮哭訴，舉起只剩四根手指的手來，讓趙構念及他的大功，心軟了——所以韓世忠絕不會認為岳飛不會做人。岳飛被捕，韓世忠按捺不住，衝到秦檜府裡怒吼：「莫須有三字何以服天下？」

話說，宋高宗趙構自己，真覺得岳飛不會做人嗎？

岳飛年少愛喝酒，趙構讓他別多喝，岳飛便從此戒酒。

與曹成作戰時，岳飛特意叮囑張憲，「誅其酋，撫其眾，慎勿枉殺，累主上保民之仁」——不要亂殺，要成全陛下的仁德。他是處處給趙構留面子。劉豫兵馬要打來，中興四將其中二位劉光世和張俊想撤。岳飛當時眼睛有病，但一聽到宋高宗宣召，立刻帶病趕來。他來時，劉豫的兵已經撤了。趙構卻很滿意，親口對趙鼎說：「劉麟[15]敗北不足喜，諸將知尊朝廷為可喜。」他也是知道，岳飛給足自己面子了。

岳家軍凍死不拆屋，餓死不擄掠，軍紀嚴明，幾乎千古無二。四太子南下時，河北人都不肯聽他的，人民天天盼望著岳家軍來——天下人都不會說岳飛不會做人。

有人說，岳飛曾經勸趙構立太子，是不妥當的。然而，岳飛當時做這事，是出於忠心，他是悄然上奏的，給趙構留足了面子。之後趙構立了太子，岳飛見過後，立刻大喜，說中興基業有望，處理得極為精妙。

張浚描述說，岳飛做人做事的風格是「避寵榮」。他是懂得避嫌的，不斷推讓各色封賞，並不讓自己處於嫌疑之地。

當世唯一有資格說岳飛不會做人的，大概只有他兒子岳雲。因為岳飛的嚴格要求，導致岳雲多少次捨生忘死立下戰功，爸爸卻不給他報功。

如上所述，秦檜後來做宰相二十年後，厚顏無恥，坑害忠良，連陸游科舉時比他孫子考得好，都要特意打壓下去。這麼一個流氓至極的混蛋，捉了岳飛來，拷問了兩個月，卻毫無證據。於是「莫須有」。

究竟什麼樣的人，會覺得岳飛這種堂堂正正又聰明善於處事的傢伙，不會做人呢？

也只能是秦檜、万俟卨和宋高宗，這幾個小人了。

四、宋高宗趙構

欲知岳飛之死因，不可不提宋高宗趙構。

當日北宋未滅時，皇帝兼大哥宋欽宗，要趙構去當河北兵馬大元帥，好勤王救急。結果金兵破汴梁，靖康之恥。趙構自己在河北開大元帥府，夏天在商丘，自己做皇帝了。

建立南宋時，李綱建議趙構定都長安或定都洛陽——那還是有規復中原、拯救百姓之心的。最南，那也就是定都南京了，不能再往南了。一個朝廷的宗廟社稷所在地，除了地緣政治因素，也是一種姿態。對百姓而言，定都靠北一點兒，多少可以保證百姓能夠繼續安心農耕。

結果趙構一溜煙地去了臨安。意思很明白：江淮以北的漢人百姓啊，朕不管你們了，你們自求多福吧。後來金兵再度南下，趙構不通知百官與宰相，自己一路從揚州逃到鎮江逃到杭州，一度逃到海上。真是能跑！

這一輩子，趙構都在試圖跟金國請和。父親、兄長、姐妹、天下、百官、社稷、體面，

15 劉麟：劉豫之子。

趙構是都可以不要、都可以拋棄的。所謂「靦身而不恥，屈膝而無慚，不可謂有生人氣也」。

如此一個沒有血氣的利己主義皇帝，又遇到了秦檜這麼個酷愛搞封殺的權奸流氓宰相，自然一拍即合。

當日中興四將之一劉光世自請解兵符，張浚認為可以將其軍隊五萬人移交給岳飛。趙構親自下御箚，讓劉光世麾下王德等人聽岳飛節制，而且說岳飛就基本代表自己。

朕惟兵家之事，勢合則雄。卿等久各宣勞，朕所眷倚。今委岳飛盡護卿等，蓋將雪國家之恥，拯海內之窮。天意昭然，時不可失。所宜同心協力，勉赴功名。行賞答勛，當從優厚。聽飛號令，如朕親行。倘違斯言，邦有常憲。（《金佗稡編》）。

但之後，趙構變卦，答應的軍權又不給了。岳飛覲見，趙構說要留這支部隊保護都城，岳飛無言而退。岳飛回去自請解軍職，留在廬山，給母親守喪。趙構很不高興，跟陳公輔訴苦。陳公輔給皇帝面子，就說：「然飛本粗人，凡事終少委曲。」

這件事的是非很明白：趙構自己的主意，又臨時變卦，還嫌岳飛不高興了，是給自己臉子看。在趙構的心目中，自己再怎麼撒潑打滾翻臉不認人都可以，岳飛卻必須隨意聽他使喚。稍有不滿了，還要找人訴苦。

依其做派，可知宋高宗趙構實在極缺安全感。他自己在政治鬥爭上也不算聰明，先被汪、黃奸臣蠱惑，然後被秦檜控制，還將趙鼎與張浚幾位賢相趕走，更不用提早年忠心剛正的李綱。所以說趙構是個昏君，想必爭議不大。

所以才有所謂三大將解兵權事件。

話說當日，劉光世已經解了兵符，趙構再召集韓世忠、張俊與岳飛，讓他們交出兵權，在朝為官。三人並無異議，三個宣撫司取消。韓世忠和岳飛都故作閒適，並無怨言。而且岳飛「固請還兵權」，擺出主動要求還兵權的姿態。

但秦檜和趙構又來玩陰謀了。

《三朝北盟會編》卷二〇六，《張俊、岳飛往淮東撫定韓世忠之兵》記：張俊和岳飛一起去檢閱韓世忠的軍隊。張俊跟秦檜沆瀣一氣，心領神會，提議說：把韓世忠的背嵬軍拆散混編，如此好徹底摧毀韓世忠嫡系。岳飛則反對這麼做。如此一來，岳飛不肯落井下石，不肯給秦檜和趙構當狗去咬韓世忠，趙構與秦檜自然越加看他不爽了。

按說，韓世忠不僅與岳飛一樣有大功於社稷，還救駕有功，救了趙構的命，是趙構痛哭流涕攥手感謝過的人。結果趙構居然要坑害他，實在涼薄。還虧韓世忠得了岳飛的提醒，進宮舉著自己為趙構而斷了手指的手哭叫，然後歸隱，才得保性命。趙構之無情，大略如此。

此後岳飛與張俊回到杭州，張俊又被派去鎮江了，與此同時，岳飛遭到萬俟卨的彈劾，於是岳飛辭職，回了廬山。再便是王俊去向王貴告發，說岳飛部將張憲要反，還說是岳飛寫信唆使的。信呢？燒了。沒憑沒據的事，明顯是誣告。

所以了，趙構想解兵權，順便議和；秦檜想議和，順便專權。

岳飛唯一的過錯，大概是本身實力太強，又沒有下作到昏君奸臣讓他幹啥就幹啥。在昏君奸臣眼裡，他不夠恭順，沒有像張俊那樣「我是天子的一條狗，天子讓我咬誰我就咬誰」，那就得收拾掉了。

五、為人

中國古來，總有一派念頭：號召大家學厚黑，學陰謀。好人不做，教人做佞臣，做奴才。似乎學會做奴才，才算是會做人。所謂「與惡人居，如入鮑魚之肆，久而不聞其臭，亦與之化矣」。

被昏君冤殺後，卻有人認為岳飛這等統率十萬軍、名聞天下、智勇足備、千古稱之的人物不會做人，殊不知會這麼想的人，是自己去學秦檜視角了。

同樣讀歷史，有人學會怎麼做人，有人學會怎麼做奸臣。後者也許是迫於生計，有自己的不易，可以理解。遇到昏君奸臣，要留一條命，也的確容易做許多違心之舉。但若以善做奴才自豪，處處要求剛直不阿的人學做奴才，就不太好了——那麼多人好學，幹麼學秦檜呢？

古代的罪名

康熙七年，康熙皇帝派一群少年假做摔跤，撲倒鼇拜。這其中是否借了韋小寶韋爵爺之力，我們不清楚。妙在鼇拜剛倒，朝廷立刻整理出鼇拜的三十條大罪來。大到任用奸黨，小到勒令他人遷墳，事無巨細，都在一起了。前一天還功高權重威風八面的鼇中堂，一眨眼就罪名彌天，搆得上誅滅全族了。

好玩的是，抓了鼇拜之後，康熙皇帝先宣布鼇拜三十條罪狀，廷議當斬，又念鼇拜歷事三朝，效力有年，不忍加誅，僅命革職，籍沒拘禁，黨羽都對付掉。

不久鼇拜死於禁所，其子納穆福之後被釋放了。

又過了四十多年，康熙因為鼇拜的功績，將他平反，追贈一等男。雍正帝復賜一等公，世襲罔替，賜號超武。

由此可見，鼇拜也沒有十惡不赦的大罪嘛。

妙在鼇拜倒了之後，同為託孤大臣的遏必隆也被康熙先收拾了一把，又放了，到遏必隆臨終，康熙還去他府邸慰問呢。

雍正二年，年羹堯平定青海回朝，雍正皇帝親迎，升他作一等公，榮寵一時無人可比。一年後，年羹堯開始犯罪了。先是將成語「朝乾夕惕」寫錯了，雍正說他仗恃功勞，顯露不敬。咱哪怕高考語文考試寫個錯別字，頂了天扣兩分，擱年羹堯這兒就得革職。年羹堯封完一等公不到一年，雍正朝臣，硬生生給他整理出九十二款大罪。

話說年羹堯也真了得，一年時間啊，爭分奪秒，平均每四天就能犯一款大罪，這得有多勤勞，才如此無惡不作呢？

在中國古代，定罪名是個大學問。

嘉靖年間，徐階主持之下，終於扳倒了大奸臣嚴嵩與嚴世蕃父子。嚴世蕃雖是傳說裡一年能跟女人亂來九百次的猛男、收藏《清明上河圖》的花花公子，但畢竟不是草包。平日廷議奏對，心計極工；在獄中，他也能死中求活。嚴世蕃放出風聲去，說：「別的事情咱不怕，但如給我安罪名，說我害死沈煉與楊繼盛二人，我父子那就糟糕了。」

三法司正愁沒合適的罪名呢，聽了這話，妙哉，自己招了，就定這罪名吧！

可是徐階何等人物？當初為了討好嚴嵩，可是把孫女兒許配給嚴世蕃之子的，對親家的手段知根知底。先前嚴嵩還全家人跪拜過徐階求他放過，徐階並不因此心軟。他看了審案卷宗，明白了：「這道奏章一上去，嚴公子就無罪釋放了。」

三法司恍然大悟，立刻改了罪名，另找個理由，把嚴世蕃殺了。徐階聽說嚴世蕃死了，連帶自己的孫女，即嚴世蕃的兒媳，也一起殉了，「囅然[16]頷之」，開懷點頭。

一時沒有罪名可定時，也是有辦法的。當日劉邦定了天下，韓信封了楚王。楚國舊將、他的朋友鐘離昧逃亡到他那裡，於是自然有人去告訴劉邦：韓信反啦！劉邦就用陳平的計策，來遊雲夢了。韓信逼鐘離昧自盡，拿了首級，去跟劉邦自證清白，被劉邦當即捉了，綁在自家車上。《史記》裡，韓信跟劉邦對白如下：

韓信：「是啊！天下已定，我就該被油鍋烹了！」這是說氣話。

劉邦：「你別作聲！你造反的事兒很明顯了！」——「若毋聲！而反，明矣！」

劉邦這句「你別作聲」，特別鮮活。可以想像他當時多緊張了。是啊，韓信真正的罪名，是兔死狗烹啊。

有時候呢，人還得給自己找個罪名。

林沖雪夜上梁山，不巧遇到王倫。讀書人做山大王，腸子都比好漢們多些彎。口口聲聲「不知心腹」，只好請林沖去隨意取個人頭，納個投名狀來，那時才來拜兄弟，談交情，親密無間，赴湯蹈火。為什麼呢？因為林沖殺過人了，有罪名了，大家都不乾淨，這才能讓人信賴。

《史記》裡，秦始皇帝給王翦老頭兒六十萬傾國之軍，出征伐楚時，王翦便聰明地向始皇帝一而再，再而三地索要田產。因為老軍人知道，大王以傾國之兵授予我，如果我清高自許，只會招致疑忌；顯得我貪財，大王才相信我。這叫自汙。

中國歷史上第一位了不起的公務員，是漢朝開國宰相蕭何。他老人家本來是沛縣的優秀幹部。每年考評他都是縣裡頂尖的，曾有御史想讓他進中央，他很謹慎，不去，當個地方公務員挺好的。

後來天下大亂，他和沛縣的典獄長曹參打商量。他很謹慎，明明自己在當地聲望高，還是請來當時已成逃犯的劉邦當了老大，自己繼續給劉邦當公務員。

蕭何的工作業績，那是不用提的。劉邦進了咸陽，別人都去享受了，蕭何忙著收集帳冊法規，好繼續辦事工作。後來楚漢相爭，蕭何在後方負責給劉邦搞定一切後勤。但他一直活到最後，可不單靠工作業績。

16 囅然：開懷大笑的樣子。囅，音同「產」。

蕭何在後方運作時，很謹慎，考慮到自己可能功高震主，趕緊把親戚全都派去前線。到開國了，他給劉邦修建極宏大的宮殿。劉邦當然要謙虛：怎麼這麼奢華呢？蕭何就說：您富有四海，奢華點兒也對。

劉邦出征了，蕭何趕緊把自己的存款都捐給軍隊。還怕不夠，就特意強買田地，顯得他比較在乎錢，只想當個公務員。

劉邦到底找了把柄，把蕭何關起來了。還好有人說情：蕭何當年那麼高的權位，不想鬧事，現在太平年間，反而要鬧事了？劉邦那張城牆厚的老臉皮，聽了都不好意思了。

直到蕭何死時，還是謹慎低調，從來不裝修房子，不買好地盤。我的子孫啊，如果有出息，就學我的節儉；沒出息，我買的這破落田莊，也沒人會來奪。

太史公在《史記》裡總結蕭何的輝煌，曰：

蕭相國何於秦時為刀筆吏，錄錄未有奇節。及漢興，依日月之末光，何謹守管鑰，因民之疾秦法，順流與之更始。淮陰、黥布等皆以誅滅，而何之勛爛焉。位冠群臣，聲施後世，與閎夭、散宜生等爭烈矣。

關鍵字是：謹，因，順流。

謹慎，善於跟隨時勢，順流而行。
聽著很無趣，但衙門裡辦事的，想活得久，真就得這樣啊！

記一位文筆優美的好戰分子

一個人的文筆，可以好成什麼樣呢？

二十六歲的張佩綸在清朝同治九年中舉，一年後中進士，下筆千言，慷慨好論天下事，文筆見識，都是好生厲害。那時節，他是清流黨的主將，年少氣盛，雖然常在京城，但四海八荒，哪裡的事，他都能談論一下子。急公好義，好談軍事，很是了得。

一八八〇年，法國開始侵占安南；三年後，清朝派軍隊入安南，雖不與法國人交戰，卻想捍衛自己宗主國的地位。

李鴻章當時正組織中國海軍建設和海防計畫，懂點兒國際法，跟朝廷說了：

——中國無權干涉法國與安南的協議。

——中國無力把法軍趕出安南。

——道理與實力都不太占優，還是談判為妙，不然就是為了個越南，直接與法國開戰啦。

張佩綸剛直，當然看不下李鴻章如此畏縮。雖然他沒去過法國，沒去過安南，但讀聖賢書所為何事？張佩綸覺得，法國已是強弩之末，就該給點兒顏色看看！

張佩綸文筆超卓，言辭便給。他與清流們認定戰爭的勝負，主要不靠兵器，而靠勇氣與美德。在他看來，李鴻章顯然既無勇氣，又無美德，於是，「法國奸計婦孺皆知，唯李中堂一無所知」，所以咯，「李中堂為法人所愚弄，朝堂又為李中堂所愚弄」。

張佩綸認定李鴻章是秦檜之流的奸臣，這話威力可不小。須知張佩綸的彈劾功力極高，彈劾下去許多位大臣了，罵個李鴻章，小菜一碟。

李鴻章那邊，到一八八四年基本有了個框架。按徐中約先生《中國近代史》的說法，當時大致談的是：中國軍隊撤出越南，法國人自己與越南簽訂合約，法國允諾不侵犯中國，不要求賠款，而且絕不使用有損中國威望的字眼。

雖然這談判對清朝而言很是窩囊，多少也算是個不動兵的解決之法。

但張佩綸不接受這結果。清流們前後四十七封奏疏，大罵李鴻章賣國。

於是，本來未必打得起來的中法戰爭，開打了。

於是，張佩綸被派到福建，會辦福建海防。《清史稿》所謂「令以三品卿銜會辦福建海疆事」。

文筆精美、慷慨激昂的張佩綸到了前線，雲集自家十一艘戰艦扎堆。據說船長們跟他進諫，這樣扎堆不太好，張佩綸不高興了：一幫兵油子，欺負我不懂行是吧——就把船長們訓跑了。

法國人下了戰書，大家又請張佩綸準備交戰，據說張佩綸又生氣了：一幫兵油子，唬我要打仗了？——又把大家訓跑了。

終於法國艦隊升火過來了，張佩綸一看不對勁，忙派學生魏瀚前去，請法國人等一等：我們沒準備好呢！

——法國人大概想，我們戰書都下了，等個屁，開炮！

一小時內，十一艘清朝軍艦全潰，法國人幫清朝建造的馬尾船廠，被法國人自己摧毀了。

張佩綸呢？

他在鼓山上，一看情勢不對，撒腿就跑，跑去當地人家求收留。一種說法是，當地人不理他。你誰呀？張佩綸急了：「我是會辦大臣！」——我很懷疑，當地人可能聽不懂這個職稱，總之：不收不收！

張佩綸無法，只好餓著肚子，一路逃到彭田鄉。

接下來，才是張佩綸一生最有趣的瞬間。

安頓下來了，手邊有了紙筆，張佩綸當然得發揮他的才華。身為主戰派和前線督軍，全軍大潰，怎麼辦呢？寫封奏章吧。妙在張佩綸文筆實在太好，奏章寫得花團錦簇，朝廷一看奏章，好，看來是贏了！趕緊開國帑，發犒勞，還下令以後張佩綸負責船政！

——船都被轟沉了，兼什麼船政呢？

又過了幾天，朝廷從別的管道聽說了真相，氣壞了。福建本地人民也不高興。總之這事一追查，張佩綸倒了楣，戍邊去吧。

當時有人說：張佩綸身為好戰分子，沒事罵李鴻章；真領兵打仗，棄陣而逃——這真是個紙上談兵的馬謖啊！

四年後，張佩綸回京，意外得了好運。李鴻章不計舊嫌，欣賞他的才華，拉他當了自己的幕僚，還把時年二十二歲的女兒嫁給了四十歲的張佩綸。當然，張佩綸自己的仕途，從此是沒啥可說的了。

據說袁世凱曾誇，「天下翰林真能通的，我眼裡只有三個半：張幼樵、徐菊人、楊蓮府，算三個全人，張季直算半個」。張幼樵就是張佩綸了。

按說張佩綸著實有才華、很正直，應該也很愛國，忠於大清朝。

但終究文章翰林與現代戰爭，那是兩回事啊。

最後一個故事。

李鴻章嫁給張佩綸的女兒，叫做李菊藕。李菊藕後來生了個兒子張志沂，張志沂有個女兒，叫做張愛玲——嗯，就是我們熟知的那位張愛玲。

輯三

生前身後名

逸事與主角

當年春晚[17]，趙麗蓉老師有個老梗，盡人皆知，曰：「司馬光砸缸！」

仔細想想，還真是：現在說及司馬光，大家先想到的，是他老人家砸缸。

然而司馬光後來所做的，知道的人似乎還少些——他老人家編撰《資治通鑑》，為變法問題與王安石大戰朝堂，好像沒什麼人提呢？

同理，達文西真畫過的畫，大眾可能知道的若干幅，是《蒙娜麗莎》、《最後的晚餐》，最多就到《岩間聖母》。

但他畫雞蛋的傳說，倒是盡人皆知的。

蘇東坡的詩詞文章，大家未必還背得出幾首，東坡肉倒是人人都知道；同理，在民間，屈原與粽子，怕倒比他那些作品還有名。

孔融讓梨天下皆知，但讓個梨而已，有那麼值得歌頌嗎？——孔融有名，是因為他乃建安七子之首，一個時代的大文人啊！

本來，這些都屬名人逸事，大多是事以人傳。如《世說新語》即是，記載了魏晉諸位士大夫的瀟灑言論。但人家自己是了不起的人物，因此言論才有名。

假設，司馬光若無《資治通鑒》傍身，則一個破缸小兒的聰明，怕也不難找吧？恰因為他是司馬溫公，這段子才顯趣味盎然。

如蘇軾愛吃的東坡肉，如屈原與粽子的傳說，本來是名人逸事，當作驥尾[18]的；到後來名人正經事兒反而佚散，段子卻留下了。

奇怪嗎？卻也不奇怪。

中國自古及今，老百姓都很喜歡秉持一種，姑且叫「八卦思維」吧。

古代百姓絕大多數的歷史教育，都打戲曲評書裡來。而編民間故事的人，第一得講大人物，這樣大夥兒才愛聽。但大部分的人畢竟沒親自經歷過政治朝政，所以民間評話故事，總愛把朝廷大事想像成日常家居生活。皇帝啦，奸妃啦，奸臣啦，不一而足。

人民又愛把包拯、劉墉、寇準、狄仁傑這些名政治家，一律想像成名偵探柯南的加強

17春晚：中國中央廣播電視總臺的春節聯歡晚會，於每年農曆除夕晚間舉辦的電視綜合晚會。
18驥尾：千里馬的尾巴，常以「附驥尾」表示仰仗別人而成名。

版，斷案如神，每天除了判冤獄、審懸案，基本啥都不幹；歷史上的名智士，那一定跟算命先生似的，管你是諸葛亮、徐茂功、劉伯溫，一定是能掐會算，翻雲覆雨，撒豆成兵。

這種思維，至今猶有遺風。

梁思成先生著述等身，但如今坊間傳聞多的，主要是他太太林徽因的愛情傳奇；周邦彥的詞能誦者不多，恐怕最有名的就是傳言他偷聽李師師和宋徽宗的那段對話；江南民間傳說裡，徐文長是個有名人物，大概其經歷類似於浙江版的「聰明的阿凡提」，眾人都傳誦他老人家是如何刁鑽古怪多智。但提起徐文長本名徐渭，以及他自己的詩畫，知者反而少了。

許多時候，我們只在意了末節，而沒在意主角。

說一位作品出色，以至於我們經常忽略其事蹟的先生。

——十八歲，鄉試第一名；二十歲貢士，入京殿試，寫「御試策」，提出改革方案，皇帝定為狀元。二十歲就靠真才實學，中全國狀元了。

——異族入侵時，他是個州官，散盡家財，組織義軍三萬對決，戰至只剩六人。

——被朝廷宣召為右丞相，當面怒斥敵軍主帥。被擒，越獄脫身。

——與流亡朝廷會合，都督軍馬，建立制度，繼續組織抵抗異族入侵。

——率軍轉戰江西，收復十四個縣。

——輾轉游擊戰四年，終於寡不敵眾，服毒未死，被擒。

——被擒之後，仍不投降。即便異族皇帝直接封他為宰相，他還是在持續地對抗，並開始寫詩言志，直到被處刑，不屈死去。

這人便是文天祥。

「人生自古誰無死，留取丹心照汗青」並不算多雅馴的詩句，但因為出自他這個全國狀元、少年宰相、老游擊隊長之手，他也的確用生命踐行了此詩，所以才有味道。

就像砸缸之事，因為是司馬光做的，才顯得有趣。

如上所述，這些逸事本該是名人的花邊而已。然而因為逸事總比正史好記，故此不免喧賓奪主，才會有人只以為文天祥是個寫詩狂魔、司馬光徒然知道砸缸、達文西只會畫雞蛋（這段子還是編的）、蘇軾只會做肉、唐伯虎只會點秋香。

自然了，人民需要段子，需要茶餘飯後的話題。但如果連教育（大多數人知道孔融讓梨、司馬光砸缸，應該是小學課本吧？）都只在意段子的話，就著實將歷史真實一筆抹殺了。中華歷史浩蕩璀璨，若最後只剩下些茶餘飯後的話題，真是可惜至極。

瀟灑的人，並不總能被理解

李白號為謫仙，那是仙人下凡，風流絕勝，害人家老實人杜甫，一輩子都追著他跑。然而李白也有人間偶像，所謂「齊有倜儻生，魯連特高妙」。

魯連者，魯仲連，戰國時候一個齊國風流人物。他做過兩件事，兩件都不太挨著。

當日秦趙傳奇的長平之戰，秦國坑了趙國四十萬人，圍了趙都邯鄲。趙國四處請救兵，還引發了許多成語：毛遂自薦啦，竊符救趙啦，都出在這時。

然而這中間，有人捨命抗秦，有人扯後腿。

魏國這時，不太想跟秦國開戰。魏王派了些軍隊，遠遠地看熱鬧，並不去救趙國；又派了個叫新垣衍的，去跟趙王說了：秦國之前和齊國互相戴高帽，號稱東帝與西帝。如今秦國一定是想稱帝了，趙國只要奉秦昭王作帝，秦國一高興，就撤了嘛！

——那意思：魏王讓您趙王去跟秦國服個軟，算啦！

魯仲連他老人家，這時恰好晃蕩到趙國地界，於是通過趙國公子平原君，去跟新垣衍扯皮。新垣衍都奇怪了：圍在邯鄲城裡的人，都是有求於平原君的，看你也不像個求人的，幹麼還在這裡待著，不逃命呢？

魯仲連就說：

——秦國這國家，不講禮義，靠權謀驅動老百姓。他們要稱帝，我就只好跳東海死去了。就因為不想當秦國臣民，我才來說道說道。

——以前紂王是天子，就可以對周文王和其他諸侯施以暴虐，諸侯只好低聲下氣。現在看秦國贏了兩場仗，大家就尊奉他了，回頭秦國一生氣，對各國發號施令，各國聽不聽啊？回頭秦王高興了，要把魏王砍成肉醬，魏王幹不幹啊？

這一串話行雲流水，新垣衍聽傻了：是啊，一旦朝秦王低了頭，以後魏國就得長期認，人為刀俎我為魚肉了。算了算了，再也不提奉秦國為帝的事。

之後，經過諸國努力，秦國撤了，趙國保全了。平原君要送魯仲連千金，魯仲連很帥氣地說：天下之士，為人排憂解難，分文不取。我拿你的錢，就成了商賈啦。不要不要。起身就走，一輩子都沒再見平原君：施恩於人卻不想落人情，就這麼敞亮。

另一件事。

燕國有將領攻下聊城。然後，齊國人圍了聊城，燕國又疑心城中將領的忠誠。燕將兩邊不討好，很是為難。

魯仲連又來了，一支箭射了封書信進城，又一番引經據典，一會兒舉管仲的例子，一會兒舉曹沫的例子。總之就跟燕將說：

——您別感情用事啊，要理智。

燕將看了書信，哭了三天，想想算了，自殺吧。他一死，問題反而解決了。齊國兵不血刃，得了聊城。齊國上頭想，魯仲連一封書信就免了兵災，幫了大忙，好，要封賞魯仲連，魯仲連又逃走了。他說：「我與其因為富貴，得向人低聲下氣，還不如貧賤著，可以隨心所欲呢。」

後來《資治通鑑》裡提到，魏國的魏安釐王問子順：「天下高士有誰啊？」子順說：「世上沒這等人。非要找差不多算是天下高士的，那就魯仲連吧。」

接下來，有段絕妙的對話，大概意思如下：

魏安釐王不以為然地說：「魯仲連那麼瀟灑，都是強行造作，裝出來的，他就是在裝嘛！一點兒都不自然！」

子順說了：「每個人都多少會裝酷耍帥啊。但如果您能一直擺著那範兒，一直不垮，就不算裝，就是真君子了；一直擺酷，就習慣成自然，就是真酷，那就不是裝的了嘛！」

子順就差直說了：「就算人是裝酷，能裝一輩子，就是真酷！」

本來事到這裡也就完了，但我得補個背景，這位魏安釐王是誰呢？

趙國被圍時，派新垣衍去奉秦國為帝，最後被魯仲連給說服氣的，就是這位魏王。

讓大將晉鄙帶救兵觀望的，就是這位魏王。

這位魏王的兄弟信陵君做了名垂青史的勾當：竊符救趙，殺晉鄙，抗擊秦國，解邯鄲之圍，獲得了趙國熱愛，可是此後留趙十年不敢回魏國來，怕被追究責任，因為當家的，就是這位魏王。

後來魏國被秦國圍攻，情勢危急，信陵君帶五國聯軍回來救魏國時，當家的，還是這位魏王。

信陵君保全了魏國後，滿腦子猜疑著信陵君要自立為王、逼得信陵君醇酒婦人[19]而死的，也是這位魏王。

整體作為而言，魏安釐王是魏國一代名王，但他老人家許多做派，說明他還是個利益至上的政治家。所以這個魏王會不理解魯仲連，覺得他裝，也很容易理解了。

自己是個朝堂之上的王，於是從他的視角看來，魯仲連這種瀟灑的海上俠客，不計較功名利祿，「都是裝出來的！」

莊子所謂「夏蟲不可語冰」，就是這意思。

---

19 醇酒婦人：來自吳佩孚的詩句「醇酒婦人接短氣」，指信陵君最終因飲酒過度縱情女色而死。

陳勝們很絢爛，卻經常是贏家們的炮灰

「王侯將相，寧有種乎！」

這話大大有名。然而吼出這句話六個月後，陳勝就死去了。跟他一起搞「大楚興，陳勝王」的吳廣，比他還早死幾個月。

當然啦，星星之火可以燎原，他二位是首義之人，司馬遷也沒忘記，《史記》裡給陳勝留了個「世家」的位置。

他倆死去那年，英姿煥發的項羽二十四歲，泗水亭長劉邦四十八歲。又一年多後，秦國滅亡。當時眾所周知，以楚軍將領的名義，楚上將軍項羽擊潰了秦軍主力，楚將劉邦先入咸陽。之後，就是漫長的楚漢內戰，又四年多後，項羽自盡，劉邦得了天下。

這個五十四歲的老狐狸啊。

首義者陳勝吳廣呢？已成歷史塵埃了。

又兩百年後，劉邦傳給子孫的帝國要被王莽篡奪，於是劉崇、瞿義、劉快們紛紛舉旗鬧事。之後，劉玄登基稱更始帝，殺了手下部將劉秀的哥哥。劉秀人在屋簷下，沒法不低

頭，不敢給哥哥服喪，還得裝作飲食言笑如常，如此憋著，慢慢在河北壯大了勢力，稱帝，建立東漢，把天下給平了——那會兒，劉崇、翟義和劉快這些首義之人，早就灰飛煙滅了。

隋煬帝曾經徵發大軍一百一十三萬征討遼東，未遂。後來再伐時，朝內高幹子弟楊玄感——他爸爸是楊素，也就是家裡養了紅拂女跟李靖跑了的那位——不幹了，起兵造反，被隋朝撲滅。但這一鬧，隋朝亂了。關東盜匪紛紛起來鬧事，評書迷熟悉的瓦崗寨啊，竇建德啊，以及什麼孟海公啊，薛舉啊，王世充啊，都起來了。

終於隋煬帝南奔江都，死在了那兒，隋朝覆滅。

如我們所知，唐朝應天順人，得了天下。

那時候，首先發難的楊玄感、瓦崗寨首先起事的翟讓等大佬，也早被人忘得差不多了。

眾所周知，明朝乃是由明教教主張無忌哦不對朱元璋建立的，但朱元璋原先，是郭子興的女婿，而元末初起事者中最有影響的，是徐壽輝和韓山童。韓山童的兒子韓林兒，《倚天屠龍記》的讀者大概記得。歷史上，韓林兒做為首義豪傑的兒子，死法很微妙：朱元璋依然奉他為皇帝，只是派廖永忠接他渡長江時，沉船了！真是好巧啊！

您大概明白了，首義的諸位，大多不得好死；得天下的諸位，經常是後發制人。

而且，後發制人，得很有講究。

西漢開國的漢高祖劉邦出了名的能忍，鴻門宴時，伏低做小不提，起兵去鬧項羽時，還定三秦，先定西北關中作為基礎。

東漢開國的光武帝劉秀也能忍，親哥哥死了都可以言笑自若，一直俯首稱臣，躲在河北，把氣力養足了才動手。

明朝開國的朱元璋的根據地在東南，是先把陳友諒和張士誠這兩位重要的內戰敵人給搞定了，才北伐去打的元朝。

中國古代的地理，是有講究的：四個角，容易割據，多為朝代發祥地。東北角的河北是東漢發源地；東南角容下了六朝和南宋；西南角的四川，從劉備到五代十國的孟昶再到南宋的吳氏兄弟，都割據一方；西北角的關中，那更是秦與西漢的開國處，唐朝起事，第一件事就是往關中走啊。這幾位大王，都在亂世來臨時，很聰明地先選擇割據自守，找一個極好的根據地，然後打出去。在此之前，哪怕先服個軟，也好。

最妙的範例，是李淵。

隋朝楊玄感首先發難，天下大亂。之後，什麼翟讓、孟海公、竇建德、李密、林士弘、蕭銑、薛舉、劉武周們紛紛起來鬧，你稱帝來我稱王，玩家家酒一樣。

然而李淵很穩，在太原，守著突厥，不動。

直到隋煬帝南下了，天才的貴族陰謀家李密已經逼近洛陽了，天下紛擾，百姓痛恨戰爭了，李淵動了。入長安，立了代王楊侑，而且跟李密寫信服軟，請他在東邊和群雄鏖戰[20]，自己朝西經營。又九個月後，隋煬帝在江都被弒，隋朝徹底沒了，李淵才稱帝登基，舉起唐朝旗幟——這時候，唐已經把住西北關中之地了，進可攻退可守。這時候，李淵既不背叛逆隋朝的罪名，又名正言順，可以動兵了。我們誅滅群雄，對手是天下盜賊，而不是隋朝；我們起兵，是為了平定天下，救百姓於水火，可不是為了自己的野心哦！

時機、名義、形勢，都把握得很好。不急著做出頭鳥，而在意做最後的贏家。

許多讀者翻歷史時，會感嘆：楚漢啦，三國啦，隋唐啦，明英烈啦，這些亂世傳說，好看的都是前面，到後來天下要一統時，趣味就沒那麼大了！

的確，亂世乍起時，首先發難的陳勝吳廣們，總是最絢爛最激動人心，但通常也死得最快。而劉邦、劉秀、李淵和朱元璋大概都明白：最後的贏家，是最後一個贏下戰爭的人，而不是第一個發難推翻暴政的人。

「王侯將相，寧有種乎！」多麼慷慨的一句話！首義者都是英雄豪傑，口號也多半激動人心，但通常，都是用自己的生命，殉了自己親手燃起的那一把燎原烈火，之後便宜了其他深謀遠慮的人——那些審時度勢地高築牆、廣積糧、緩稱王的人。

20 鏖戰：激烈戰鬥。

戰場可是很亂的

話說西元六世紀到了最後二十年，楊堅在北周掌握大權，眼看要篡權奪位，當他的隋文帝了。北周老將尉遲迥不答應，在河北鬧事。於是北周名將，玉璧城的守城天神、離間計的大宗師、老奸巨猾的韋孝寬，就代表楊堅，帶軍隊去打尉遲迥了。

當日尉遲迥開局不利，偏偏河北鄴城，幾萬人來看熱鬧。韋孝寬那邊的宇文忻想了個鬼主意：嗖嗖嗖，亂箭射圍觀的人。

圍觀的一看：媽呀，圍觀都犯法？跑吧！

跑的時候，當然沒啥規矩，陣形擾亂，聲如雷霆，宇文忻趕緊讓大家一起吼：「賊人敗啦！」

韋孝寬這邊一聽，全軍振作，趁亂衝擊；尉遲迥全軍大敗，撤了。

迥素習軍旅，老猶被甲臨陳。其麾下皆關中人，為之力戰，孝寬等軍不利而卻。鄴中士民觀戰者數萬人，行軍總管宇文忻曰：「事急矣！吾當以詭道破之。」乃先射觀者，觀者皆走，轉相騰藉，聲如雷霆。忻乃傳呼曰：「賊敗矣！」眾復振，因其擾而乘之。迥軍大敗，走保鄴城。（《資治通鑒．卷一百七十四》）

這個打法聽來，完全不合常理。自己要輸了，射圍觀群眾只會失民心，增敵愾，居然能贏？

然而宇文忻此行，道德上當然很不要臉，卻是真懂用兵。

古代人列陣而戰，傳令靠金鼓旗幟，靠吼，靠層層傳達。如今千把人的中學做個廣播體操開個校會，都要靠進行曲和擴音喇叭來指揮呢，何況古代沒有擴音喇叭，只能靠擊鼓和鳴金。有種說法是：說冷兵器時代，傷亡到了百分之十，一軍就潰。除了需要救護傷患外，還有一點原因：除了少數軍紀嚴明不動如山的鐵軍，古往今來大多數士兵，其實都是見風轉舵的——看著形勢好，那就一往無前；看著形勢差，不免腿肚子轉筋。而普通士兵視野有限，萬人以上的部隊對峙，普通一兵真是汪洋大海中的一滴水，判斷局勢好壞，全看周遭。周遭一亂，風聲鶴唳，苻堅幾十萬人，那也是會土崩瓦解的。

宇文忻射圍觀群眾，是給敵人製造混亂，同時給己方偽造了一個勝利氛圍。負責射群眾的諸位當然知道真相，但後排動搖不定的士兵並不知道。他們只是聽見敵陣那邊有撤退的雷震之聲，覺得贏了，於是心氣大盛；尉遲迥那邊則是擾亂動搖，於是全軍大潰。

有時對手潰不潰不重要，自己人覺得對手會潰很重要。

所以古來吹猛將，都說斬將奪旗。奪旗所以能與斬將並列，就在於奪敵軍的氣焰。曹劌論戰說了，「望其旗靡，故逐之」。因為旗幟與將領都是普通士兵的標的物。只要旗幟在前移，鼓聲還在響，敵人有撤退之相，士兵們就都有士氣。

重大會戰，提振士氣，到後來，就是要給己方士兵們製造一種「我們能贏」的氛圍，讓對方士兵相信對方要完蛋了。哪怕是假象，也是有用的。

由這一點說開去。

冷兵器時代，將領親冒矢石會被當作一種美德。按說將領最合理的位置該在後方好控制預備隊，但將領是士兵信心的來源——絕大多數士兵是看不見整個戰場的，只能依靠動靜、聲音、對方的士氣、己方的姿態、將軍的旗幟，以及一些真真假假的消息，判斷自己是該衝還是該退。所以戚繼光在《紀效新書》裡說練兵，強調士兵必須眼看旗幟，耳聽金鼓，別的什麼都不能聽，不許亂。就是這個意思了。

富勒先生的《西洋世界軍事史》裡寫，亞歷山大大帝東征時，著名的高加米拉戰役，馬其頓一度並不算有優勢，左翼還差點兒被擊潰，但波斯人中路破綻出現，亞歷山大率騎直衝中路，大流士後撤，中央崩潰，全軍俱散。後來的另一個戰例，諾曼的征服者威廉定鼎英國王權的海斯廷斯之戰，他老人家親自突前，一度馬倒，全軍奪氣；威廉趕緊另外上匹馬，並且在陣前奔馳，拉開面具，讓所有士兵看得見自己。要是再晚一點兒，士氣就完了，英國整個歷史都要改變。

因為冷兵器時代身處戰場的士兵們，除了極少數鐵軍是真硬漢，其他大多數，說到底，都還是會貪生，會怕死，會想贏，會怕輸，看見有機會就想去斬首級、看見情勢不對會想逃跑的、有情緒起伏的普通人啊。

身前有餘已縮手，眼前有路已回頭

去過杭州的人，都知道慶餘堂。胡雪巖的慶餘堂。

胡雪巖，清朝的紅頂商人[21]。資產最多時，有白銀一億兩。就在一八八一年他成了紅頂商人，一八八二年，他還能投資五千萬兩銀子囤積生絲呢。那是他的巔峰期。

兩年後，胡雪巖破產，再一年後逝世，逝世後杭州知府來抄家，「人亡財盡，無產可封」。

起高樓，宴賓客，樓塌了，兩年間而已。

胡雪巖當年先是有了產業，再借錢給朝廷對付太平軍，還拉了浙江巡撫黃宗漢做合夥人，有錢一起掙。之後，浙江布政使蔣益澧引薦，胡雪巖去協助左宗棠。到勾上左宗棠了，那就不得了了。

平了太平天國，又幫左宗棠創辦福州船政局，幫左宗棠籌餉採運，左宗棠征西，也是胡雪巖撐起來的。

跟朝廷做做戰爭生意，想不發達都難。

眾所周知，當年山西商人得以發達，跟明末邊境交易、清朝定陝甘、左宗棠征西，大有關係。

胡雪巖與左宗棠關係好到何種地步？左宗棠在西北時，想念杭州菜，胡雪巖派人八百里飛騎給他運蓴菜去，好大的手筆。與一騎紅塵妃子笑，差不多了。

後來胡雪巖怎麼倒楣的呢？明面上是生意做太大了，洋商華商都不滿了；暗裡是，李鴻章打算遏制左宗棠勢力了，當時所謂「排左必先除胡」。

即，左宗棠要你富，你沒法不富；李鴻章不想你富，你就沒法富。

掛靠的人對不對，掛靠的人心情改了，都容易出問題。

范蠡輔佐勾踐滅了吳國，有大功而不居，逃到山東去當了富豪。山東嘛，四通八達，而且自從管仲之後，商業氛圍很濃。而且重要的是，越國勾踐的手還伸不到這麼遠，要搞兔死狗烹，也只能殺了文種。按說范蠡滅吳之時，正是他人生最輝煌的時期，就算要從商，也大可以擁一點兒富貴再走呀？

21紅頂商人：最初指清朝的徽商，後來引申為同時具有官、商兩種身分的人，或是沒有官職但與高層官員關係良好的商人。

急流勇退，謂之知機。

《紅樓夢》裡有句話最好，叫做：「身前有餘忘縮手，眼前無路想回頭。」各色道理，古人都講得透透的了，可真做到的，反而寥寥無幾。

真聰明的人，那都是身前有餘已縮手，眼前有路已回頭啊！

賜自盡：一種委婉的恩典

遠在漢之前，已有個慣例：君要臣死，不必親自加誅。刑不上大夫，那麼上頭責罰你，暗示你死，允許你自由選死法，已算是大體面了。像夫差賜死伍子胥，是派使者送劍過去，逼他自盡。只是伍子胥氣不忿，自盡前說要親眼看越國滅吳，夫差大怒，又親自過去斬了伍子胥首級，處理了他屍體。

這便是自盡與加誅的區別：你老實自盡，就不禍害你屍體，或許還留你全屍；你不識相，就讓你死無全屍。

後來勾踐要文種自盡，也只是賜劍，連聲責罰都沒有，但文種就懂了。自盡吧，也沒多說，省得還讓屍體受罪。

范蠡更聰明，早就溜了。

呂不韋獨攬大權，到嫪毒出事，呂不韋自己遭流放時，秦王嬴政給他敕書：「君何功於秦？秦封君河南，食十萬戶。君何親於秦？號稱仲父。其與家屬徙處蜀！」

乍看只是兩句反問，但在詔書裡，這是很嚴肅的口吻了。呂不韋便明白了，不勞秦王動手，服毒自盡。

哪位會問了：伍子胥和文種若不自盡，呂不韋若不服毒，是什麼下場？

答：您是不瞭解古代的刑罰啊！

商鞅、嫪毐、荊軻，那都是被秦國體解車裂——也就是分屍。荊軻是死了還要車裂，就為了嚇唬活人。

到漢時，這套不勞君王動手、自己領會自盡的制度，已經成型。因為漢時重儒，《禮記》成篇，又漢文帝廢肉刑，身體侵害少了一點兒。刑不上大夫嘛，大家彼此留面子。比如漢文帝要殺薄昭，然而薄昭是太后母家血統，沒法直接殺，薄昭又不肯自盡。漢文帝便讓大臣們穿了喪服去給他哭喪，逼薄昭自盡。

後來孫權要殺陸遜，是派人去責罵，所謂「累遣中使責讓遜，遜憤恚致卒」——孫權不停派人去罵陸遜，意思很明白：你怎麼還不死？你怎麼還不死？你怎麼還不死？

所以陸遜所謂憤怒而死，意思也明白得很了。

比較優雅地賜自盡，像《三國志》裡，陳壽要給曹魏留臉面，說荀彧「以憂薨」，憂慮而死，曹操謚了他個敬侯，「明年，太祖遂為魏公矣」——第二年，曹操順心如意地當了魏公。

這個「遂」字，用得很巧妙：於是、就、順心如意。荀彧憂死，曹操順心如意地當了魏公。

《後漢書》裡，范曄不用給曹操留面子，就很直白了：「至濡須，或病留壽春，操饋之食，發視，乃空器也，於是飲藥而卒。」

看，如果你學薄昭般不肯死，催命使者會不停上門來逼你。

你如果如荀彧般，看見空盒子就乖乖自殺了，連史書上都會給你留面子，君臣之間不失體面，還有諡號呢。

當然，催命的不只是使者。李廣因為出征失道，眼看要被衛青責罰，即將下獄面對刀筆吏，於是自盡。

哪位會問：刀筆吏有多可怕？比死還可怕？

看一個典型案例流程：如果不及時自殺，要面對酷吏審判了，會怎麼辦呢？

漢景帝時，周亞夫為丞相，漢景帝已經看他不順眼了。逮住個機會，說周亞夫兒子為了給他陪葬買盔甲，苛待雇工。

漢景帝先遣使詢問，周亞夫拒絕回答——如果這時周亞夫及時自盡，情況會好些。可惜他是個直性子。

於是漢景帝讓廷尉以謀反罪審案。一個丞相當了階下囚，當然沒那麼舒服了。著名對話如下：

廷尉：你買盔甲是要謀反吧！

周亞夫：我買盔甲是為了陪葬！

廷尉：你在活著時不謀反，死了也要在地下謀反！

總之，經過各色折磨，周亞夫才知道真沒活路了。

但在獄中，沒有白綾、鴆酒、長劍，要自盡沒那麼方便了，於是絕食五天，吐血而死。

他一個軍人世家出來的太尉，真正在軍營戰功赫赫，平吳楚七國時帳下大亂都不動如山的將軍，到這時都撐不下去了。這時要死，沒有白綾和長劍用來自裁，只好絕食餓死。那是漫長而痛苦的死法，但他確實沒得選。

這還是漢景帝，「文景之治」的漢景帝。到武帝朝，酷吏橫生，張湯和他的徒子徒孫們手法華麗多樣，莊青翟這路宰相，又沒有周亞夫堅強，所以一被責罰，乾脆立刻自盡了。能自由地選擇死法，比絕食吐血餓死之類好多了。

當然，除了自盡，還有許多優待。李秀成投降曾國藩後，寫數萬字自供書。趙烈文記述道：李秀成被曾國藩斬首前，還說「中堂厚德，銘刻不忘。今世已誤，來生圖報」。

被斬首還感恩？只因為太平天國其他諸位被擒，那都是凌遲。所以天京城破前，太平天國許多重要將領都及時地病死了——其實是自盡。而李秀成之死，是被曾國藩「免凌遲。其首傳示各省，而棺殮其軀，亦幸矣」。

喏，所以賜死也分等級排列的：

暗示自盡最優雅，參考荀彧。

逼自盡很留面子，參考薄昭。

賜自盡是相對體面的，參考文種。

斥責令自盡稍微嚇人點兒，參考呂不韋和陸遜。

廷尉逼令自盡已經很痛苦了，參考周亞夫。

你無法自盡，必須處刑了，就很痛苦：曹操恨呂布，所以先勒死，再斬首，讓他屍體受兩茬罪。

最痛苦的自然是車裂與凌遲。所以呂不韋趕緊自殺免得車裂，李秀成感激曾國藩免得凌遲。

現代人自然覺得，被責讓就自殺，真是奇怪——那是因為不瞭解，殘忍的統治者有多少暴力可以對一個人及其親族的肉體施展。

畢竟千古艱難唯一死。能讓那些人精們主動自殺，甚至到後來明清被賜自殺還有謝恩的，那自然是……有比讓你自殺更殘忍的玩法。

後宮

中國老一輩人有個偏見，覺得歐洲繪畫經常畫裸女人體。開放些的如林語堂先生等，會為之大聲喝彩；保守些的遺老們則會大皺其眉頭，覺得傷風敗俗。其實這裡大家也有些誤會，歐洲人畫裸女像，其實也不太能見人。許多名傳天下的裸女像，都是烏比諾公爵、西班牙首相這類貴人的私藏品，而且還不能指名道姓，說是女人。大多數的裸女像，都假托畫中女子是維納斯，是達芙妮，總而言之是女神；要麼就是土耳其宮女、古埃及美女，總而言之是異教徒。如果一個良家婦女膽敢畫裸像，那就是天大的事兒了。

但到底也有些例外。十八世紀下半葉，法國有幅著名的裸女畫，女主角是瑪麗·路易絲·歐莫菲（Marie-Louise O'Murphy），十五歲的美女，趴在床鋪上，春情蕩漾。

這等尤物，自身經歷自然非同小可。一七五〇年，她十三歲，就被卡薩諾瓦——義大利那個著名的情聖——見著了。卡薩諾瓦說她是個「美麗下流的小生物」。兩年之後，卡薩諾瓦為她畫了幅裸像，讓國王路易十五輾轉見到了，一眼看中，就收為了情婦——也等於是國王嬪妃了。十六歲上，這姑娘給路易十五生了個女兒。十七歲時，她被國王指出去嫁人，五年內結了兩次婚。當然，她是一生風流，到五十八歲還嫁了個二十八歲的男人呢，但跟宮廷再沒糾葛了。

隋時長安，仁壽宮有個宮女，姓尉遲，被隋文帝楊堅看上了。兩人輕憐蜜愛了一宿，第二天楊堅興高采烈、志得意滿地上朝去了。等一回來，發現尉遲氏死了。老楊堅，雄才偉略，統一宇內，讓楊素這等梟雄服帖，讓賀若弼、韓擒虎、史萬歲這等名將都唯命是從，居然沒了主意，就單騎出了宮，心灰意冷，溜到山裡頭去了，簡直要去當避秦亂世的桃花源裡人。幸虧宰相高熲趕過去，才將他勸了回來。

以上兩個故事有類似之處嗎？嗯，有的：

瑪麗・路易絲・歐莫菲之所以被路易十五驅出宮廷，是因為她得罪了路易十五那位著名的情婦，珍妮－安東娃妮特・普瓦松，龐巴度侯爵夫人（Jeanne-Antoinette Poisson, Marquise de Pompadour）；尉遲氏之所以死去，是因為隋文帝家那位皇后獨孤伽羅不許他納妾把她給殺死了。路易十五和隋文帝都算一代雄主，但遇到自家女人，就會束手縛腳。雖然天子富有天下，率土之濱莫為王臣，可是後宮這事兒，一言難盡啊。

老百姓喜聞樂見的宮鬥戲碼，主要集中在「一個聰明又美麗的女人，如何用陰謀詭計，坑死了另一個美麗的女人」身上。比如，魏王曾經送給楚懷王一個美女魏姬，楚懷王的寵姬鄭袖見了，並不嫉妒，還待魏姬如姐妹一般。熟悉《紅樓夢》裡王熙鳳搞定尤二姐那段的，想必已經嗅出不妙來。可憐的魏姬傻傻地聽鄭袖姐姐擺布，聽鄭姐姐說「大王覺得妳什麼都好，唯獨不喜歡妳的鼻子」，還真信了。我們知道，歷代楚王都有奇怪的愛好：楚成王臨死前一定要吃熊掌；楚靈王好細腰，宮人多餓死。所以魏姬大概覺得，楚懷王不喜歡鼻子也情有可原，就笨笨地上了鉤，每次見了楚王，都掩了鼻子。鄭袖立刻轉身去對楚懷王道：「魏姬所以掩鼻，是嫌大王體臭。」楚懷王一生氣，把魏姬鼻子割了。所以後來屈原被流放，也不能怪張儀多計，鄭袖狡猾，確實是這女人有心機啊。

但並不是所有宮鬥，都是這樣憑智力的。

比如前頭那兩位：龐巴度夫人放逐歐莫菲、獨孤伽羅幹掉尉遲氏，靠的不是奸謀，而是本身的權力。

法國人會告訴你：龐巴度夫人一生活了四十二歲，二十三歲上認識了路易十五，三十三歲她弄掉了歐莫菲，那會兒她已經權傾朝野了。法國所有的名畫家都奉承著她，洛可可整個畫派都繞著她轉；舒瓦瑟爾公爵（Duc de Choiseul）與她結成了強力同盟；傳聞裡她甚至可以鼓動路易十五發動七年戰爭，然後用自己的眉筆畫地圖寄給前線。所以，雖然後來到了一七六〇年代，她不免色衰愛弛，和路易十五不再是情人關係，但到底是朋友——路易十五也沒敢太招惹她，人家手裡握著關係和人脈呢。

獨孤伽羅皇后呢？嗯，她老人家十四歲嫁了楊堅，一過門就讓楊堅發誓：絕對不能跟別的女人生孩子。所以雖然滿宮女人都或明或暗地琢磨「陛下我要給你生孩子」，楊堅還是沒法品嘗三宮六院的歡樂。哪位問了：楊堅真就這麼老實，答應了老婆就不敢違背了嗎？非也。獨孤伽羅皇后的爸爸是獨孤信，北周重臣之一，隋宰相高熲本來是獨孤家門客，而隋朝幾位宰相都是高熲一派的。獨孤皇后曾和楊堅一起上朝聽政，當時號為「二聖」——這是後來武則天和李治、韋后和李顯那規格了。獨孤皇后又是鮮卑人，性子剛烈，楊堅要是敢動什麼心思，難保獨孤皇后一急，鬧出什麼事來。帝王素來無家事，後宮一舉一動都關涉天下。所以，還是老實點兒吧。

所以你看，皇上進了後宮，也不像運動員進休息區更衣室，可以放鬆心情了——後宮前朝不分家，皇帝進了家門，真就是踏進了另一個戰場。

經過各類清宮戲後，人們都已經曉得了，年羹堯有個妹妹，仗著年羹堯的軍功，在雍正朝寵冠六宮。其實雍正他爸康熙爺，當年也是如此。第一位孝誠仁皇后赫舍里，乃是顧命四大臣之一索尼的孫女，赫舍里的叔伯更是大大有名，就是權傾康熙朝、去跟俄羅斯人談《尼布楚合約》的索額圖。

老百姓好八卦的，一定會津津樂道於漢武帝劉徹的那幾個女人。陳阿嬌和劉徹算是青梅竹馬成了婚，在最甜美的傳說裡，膠東王劉徹被長公主劉嫖抱在懷裡，被問到「想要老婆嗎」，就答「要」！長公主指了左右百餘個女子，劉徹都不要，最後長公主指了指自家女兒阿嬌，於是劉徹說了：「如果娶了阿嬌，就造金屋來藏她！」——得了，這就是金屋藏嬌。然後呢，衛子夫因為一頭長髮、天生麗質，得了寵，於是阿嬌陳皇后就失了寵，雖然花了千金，創造了中國有史以來的稿費紀錄，請司馬相如作了《長門賦》，還是挽不回當年那顆金屋藏嬌的心。哪位說了：呀，這個典故就是告訴咱們，後宮女子，一定不能學阿嬌嫉妒，得胸懷寬敞，才活得下去。這也的確不假。比如當年孫權那位沒實際封后，但後宮都當她是皇后的步皇后練師，就出了名的不嫉妒。自己專寵於孫權，還不提名分，忙著把好姑娘推薦給孫權，於是一生得寵，真是後妃典範。陳阿嬌如果按她的路數，也去跟衛子夫互道姐妹，並肩畫眉，是不是會好些呢？

往深一點兒琢磨，不那麼簡單啊。

漢武帝金屋藏嬌的故事只是傳說，但史冊卻明白說過，長公主劉嫖見女兒陳阿嬌被衛子夫壓倒，失了寵，就去問漢武帝姐姐平陽公主——就是她把衛子夫獻給漢武帝，自己後來嫁了衛青。長公主問平陽公主的原話是：「帝非我不得立，已而棄捐吾女，壹何不自喜而倍本乎！」——若非我，劉徹就不能被立為皇帝，居然就這樣丟了我女兒，忘本啊！

是啊，劉徹是不是真喜歡陳阿嬌，只有他自己知道，但劉徹從阿嬌那裡得來的利益，卻是實實在在的。本來他是王夫人之子，在諸子中未必有多大優勢，但跟出入宮廷、與竇太后關係甚好的長公主劉嫖結了親家，王夫人加劉嫖聯盟，就有能力按住前太子劉榮，托劉徹上位了。劉徹和阿嬌的青梅竹馬，事實上也是同盟的盟約。

至於劉徹後來放棄阿嬌，寵愛衛子夫，看似多少有些兔死狗烹，卻也未必只是衝著衛子夫美貌。當日衛子夫得寵後，她弟弟衛青當了建章監，按說這是個禁衛頭目，只管內朝，不管外事的，但劉徹一輩子，都在做他祖上那些聚權在手的勾當——劉邦開國後，斬彭越為肉醬，誅英布於九江，遊雲夢捉了韓信，臨死前差點兒連樊噲都殺了；漢景帝平了吳楚七國之亂；漢武帝一輩子在用主父偃之計削地方勢力，當然也要修理外朝。他的法子除了聚權內廷，就是提拔身邊親信，對付外朝的派系——衛青就封了太中大夫，之後出征匈奴，軍功赫赫，終於被封為大將軍。那時候衛子夫美麗的頭髮還對劉徹有那麼深的吸引力嗎？未必。但是，衛家這時對漢武帝的開疆拓土已經很重要了，哪怕衛子夫成了個禿瓢兒，漢武帝也會說她好看——因為比起外朝之臣，她是漢武帝的自己人，何況她身後，是衛青和霍去病的赫赫戰功呢。

哪位會懷疑：漢武帝真是那麼理性現實的人，連後宮佳麗都在他的江山計算之中嗎？想一想鉤弋夫人的下場好了。多得寵的一個趙婕妤，就因為生了個兒子要在未來立為漢昭帝，就被平白賜死了。脫簪請罪也動不了漢武帝的心，還趕她走，很明白地說：「妳不能再活下去了。」

結論就是：在漢武帝生命裡三個最重要的女人，其實決定性要素不是阿嬌的美貌、衛子夫的頭髮或趙婕妤的嬌柔。阿嬌是劉徹登基的工具，衛子夫是可靠的幫手，趙婕妤是生養未來天子的機器。她們不再是她們自己，而是劉嫖、衛青一族和漢昭帝的代言人。這就是後宮的實質，就像龐巴度夫人代表的不再是洛可可畫派那些油畫裡美麗動人的她，而是舒瓦瑟爾公爵和整個巴黎的員警機關。

自漢武帝之後，外戚和後宮串聯這事，逐漸上了檯面。霍光和王莽被後世當作匡扶漢室和禍亂漢室的兩大根由，但身為外戚卻是實在的。東漢的大將軍幾乎被皇帝的大舅子或丈人壟斷。然後就發生了一個順序的變化：原本是天子寵愛了一個女子，然後任用她的親戚，比如衛子夫和衛青，但後來，天子任用了大臣，反過來就得娶他們的女兒，成了反制之勢。比如曹操挾天子以令諸侯時，先把國舅爺董承給幹掉，然後把自己的女兒曹節許給了漢獻帝，這樣他就成了國丈。你可以想像漢獻帝看見曹節皇后時，心裡未必會甜甜蜜蜜。

既然後宮情勢和前朝息息相關，皇帝娶老婆也不再是單圖美色而是哄著老婆的兄弟姐妹們，於是每個進後宮的女孩子，都不能太欠缺政治頭腦，得明白自己的分量。

且說晉武帝司馬炎，眾所周知的風流人物。降孫皓三分歸一統後，他老人家第一件事兒，就是把孫皓後宮，一起納入自家院牆，於是一度後宮萬餘人，真真是每天睡一個，都得三十年。所以才有司馬炎那著名的騎羊車瞎躂躂，睡到哪裡是哪裡的破習慣，哄得宮中的女子們，竹葉插戶，鹽汁灑地，引來了羊，就是引來了天子。但這麼個到處留情的傢伙，也有動情處。當日他選美來填後宮，擇了大將軍胡奮的女兒胡芳。胡奮先有一子早死，聽了女兒中選的消息，大哭：「老奴不死，唯有二兒，男入九地之下，女上九天之上。」胡芳得寵，也很特別。聽說入選，當即大哭，左右喝令她別哭，要被陛下聽見的，她道：「死都不怕，還怕陛下？」這就讓司馬炎覺得這是帶刺玫瑰，辣而且美了。

既然美而且辣，招人眼目，針對性的舉措便到了。胡芳入宮後一年，司馬炎的皇后楊豔要過世了，知道胡芳多半要奪了后位，心不甘情不願。本來人死如燈滅，沒什麼好記掛的了，可是楊豔怕自己那位「何不食肉糜」的笨兒子司馬衷，就此被胡芳的兒子奪了太子位，趕忙把自家的堂妹楊芷推薦給老公。這種姐姐死了妹妹替，大家輪流做皇后，說穿了，就是為了繼承自家家族血脈，防止后位被人所奪。可是胡家門裡，其實明白得很：富貴豈得久長呢？當日胡芳的爸爸胡奮和第二位楊皇后的老爹楊駿私下遇到，兩位國丈爺說起話來。胡奮是武將出身，西抗諸葛亮，北擊公孫淵，平淮南，隨鄧艾，戰姜維，破匈奴，什麼沒見過？拿著武將口吻，很直率地去跟楊駿說：「您老仗著女兒豪橫嗎？看看前朝，跟天家結婚，沒有不滅門的，早晚的事兒罷了！看你這麼驕橫，只會倒楣得快些。」楊駿都氣傻了：「喲，合著你女兒不是天子的女人？」胡奮很明白地說：「我女兒只是你女兒的婢女，攤不上什麼大事。」

這話真是一語成讖。司馬炎繼任的皇后楊芷就是想太多了。司馬炎要為他兒子司馬衷改善環境，廢了那著名的黑臉胖醜好嫉妒的太子妃賈南風時，楊芷卻勸說不要，因為考慮到賈南風的爸爸就是司馬昭的著名狗頭軍師賈充。本來楊芷這麼做，大概指望賈家和楊家能夠和睦，不料賈南風一成了皇后，就回頭誣賴楊駿作亂，再把當時已成皇太后的楊芷餓死——這真是機關算盡太聰明，反算了卿卿性命。後宮前朝關節那麼多，試圖在裡面玩火，最後玩死了自己。所以胡奮老爹說得最對，胡芳恰好因為沒在后位上，才不會招致這以怨報德的慘狀。

後宮傳奇的巔峰，自然是唐朝。蔡東藩寫歷代演義，說唐朝是所謂「唐烏龜」，古來也有髒唐臭漢的說法。李治、王皇后、蕭淑妃和武則天的傳奇已經人盡皆知無須多說，李顯、韋后、武三思和上官婉兒也是亂七八糟糊塗帳，之後就是李隆基和楊玉環的曠世絕戀了。所以後世為什麼對李世民家那位長孫皇后歌詠不絕呢？原因是，長孫皇后很講分寸。她有能力參與軍政之事，玄武門之變時還負責策勵軍士呢，但一旦登上了后位，就不肯開口參與國政。李世民生氣，罵魏徵是田舍翁，打算給他點兒顏色看看時，她去著了皇后禮服，一本正經地祝賀皇帝身邊有忠直諫臣，救了魏徵一條老命。更妙的是，她不但自己懂得淡泊謙讓，還時時嘮叨，要哥哥長孫無忌快點兒辭職，還轉回身勸李世民，不要太寵她哥哥。聯想到後來李治朝長孫無忌的下場，真只能說長孫皇后是真聰明。

天下人都知道唐玄宗跟楊貴妃，如何郎情妾意，如何一騎紅塵妃子笑，如何從此君王不早朝，如何在天願作比翼鳥，在地願為連理枝，以至於寵信楊國忠，讓這個不學無術的傢伙當了宰相。乍聽之下，似乎唐玄宗是被愛情沖昏頭腦。然而細想來，楊國忠自有他可取之處。據傳為武則天男寵張易之的兒子，在朝廷沒有什麼背景，甚至被人厭棄。《新唐書》裡說他「嗜飲博，數丐貸於人，無行檢，不為姻族齒」。真是吃喝嫖賭五毒俱全人人恨。除了唐玄宗和楊貴妃，他實在無可依靠。用他來當宰相，牽制獨攬相權、口蜜腹劍的李林甫，是再好不過的人選了，因為他只能忠於唐玄宗，沒別人可依靠——是不是按這個角度思考，會忽然之間發現唐玄宗給楊玉環送的那些荔枝，也似乎沒那麼純真甜美了呢？

評書《楊家將》裡，遼國蕭太后權傾朝野，算是楊家將潛在的最大勁敵。其實宋朝的太后們，一個個也不遑多讓。宋真宗那位章獻劉皇后，傳說中狸貓換太子的人物，厲害得很。但史實裡她老人家當起了劉太后，垂簾聽政，也被認為有呂雉的才情，卻無呂雉的惡跡；宋仁宗那位曹皇后，到了能當太皇太后的時節，還能救出被烏臺詩案折磨到七死八活的蘇軾；宣仁高太后更加了得了，遼國人都叫她「女中堯舜」，金庸《天龍八部》特意大大讚美了她一番。

但是宋朝太后們也有些小問題：都是後宮裡摸爬滾打出來的，深明皇帝身邊人的重要，於是越俎代庖，給皇帝擇起老婆來了。

還是狸貓換太子那位劉太后，對兒子管得很嚴。當日張氏和郭氏兩個美女一起入宮來，宋仁宗愛的是張氏，可憐他沒親政，連結婚都當不得主——哪位問了，皇帝結婚不是自家私事嗎？沒法子，皇家無私事啊。劉太后的嫂子，是吳越王錢俶的兒子、大才子錢惟演的妹妹；錢惟演的兒子，又是郭氏的姐夫。這一通裙帶關係攪和著，太后是滿意了，宋仁宗可不大高興。

可惜郭皇后也不算聰明，仰仗著太后這靠山，橫行後宮，居然敢監視仁宗行蹤，不讓他親近其他宮女妃嬪。如果她有隋文帝家獨孤皇后的派勢，這麼做倒還使得。可憐劉太后一過世，郭皇后就折了。宋仁宗直接不搭理她，發揮皇帝的許可權，跟宮人們玩得甚歡。於是郭皇后終於做了件蠢到家的事兒。有天聽見仁宗跟美女尚氏親密著呢，聽見尚氏在吹枕頭風說自己不好。如果換了武則天，大不了就安排個栽贓嫁禍；如果換了呂雉，就趁宋仁宗不注意把尚氏給殺了。可是郭氏就撲將進去，抬手就打——結果一巴掌打在宋仁宗脖子上了。

然後呢？下頭自有人揣摩上意，宰相呂夷簡策動人馬要求廢后。宋仁宗一不做二不休，把郭皇后、尚美人們一起歷數了過錯，逐出了宮。等貶完之後，再客氣也無所謂，賜了郭皇后——這時候已經是郭淨妃了——法號金庭教主、沖靜元師。反正不用花錢，隨便封就是。

所以我們可以如此總結：郭皇后簡直把後宮可以犯的錯誤都犯了一遍——不招天子喜歡，卻成了皇后；藉著太后靠山，還不夠低調；沒了靠山之後，還嫉妒成性，最後居然傻到去打皇帝。當然，末了，她還是沒做對選擇題。宋仁宗曾經下了密令，想召她回宮，這已經算是給足了面子。然而郭淨妃說：「須百官立班受冊方可。」還要重新立冊封禮。且不說宋仁宗那會兒已經立了個曹皇后，哪怕沒曹皇后，這叫皇帝面子往哪裡擱去？於是這事再無下文了。

當然，這位曹皇后的經歷，也算不太平。

當日宋仁宗雖然冊立了曹皇后，也還寵幸著一位張貴妃。張貴妃當日權傾朝野，甚至她奶媽賈婆婆，也在宮裡呼風喚雨。妙在當時仁宗的宰相賈昌朝正在相位危殆之時，急著找靠山，就去拜了賈婆婆，自認為姪兒，跟張貴妃就此攀上了關係。曹皇后也不傻，不坐以待斃。當年王皇后懂得拉攏武媚娘對付蕭淑妃，曹皇后也懂得推賢進美，於是千挑萬選，找了個美女范觀音，收作義女，進獻天子。這麼一來，曹后一派的勢力，眼看又回來了，於是張貴妃動手了。當年大旱，宋仁宗和滿朝人都在琢磨如何祈雨。張貴妃就跟賈婆婆遞了話，賈婆婆又跟賈昌朝使了眼色，賈昌朝豈有不理會的？便上了奏章。眾所周知，中國古代倘若天象不對，都要歸咎到皇帝窮奢極欲去。賈昌朝倒也不敢讓天子下罪己詔，只是勸天子出宮人以弭災變。這意思是：把您寵愛的宮人放出宮廷這個金絲籠，天象就好啦——於是范觀音就被放出去了。看看這個，連繫前朝勢力，利用災變，乾手淨腳，不動聲色地搞定情敵，也真是好手段。上頭這個故事裡，奶媽賈婆婆起了重要作用。但細想來，卻也是歷史常事。天子後妃，生母大多要麼早逝，要麼來不及照管兒子，所以奶媽們經常乘虛而入，成為天子後妃實際上的監護者，也因此得以把持權柄。比如天啟皇帝那位乳母客氏，就和魏忠賢同心協力，把明朝攪得亂七八糟。但他們還不是最傳奇的。

最經典的一個，從草根上位，結合了奶媽、皇后、權力、陰謀、奪嫡的故事，是這樣的。

北齊後主高緯，娶了重臣斛律光的女兒作斛律皇后，另有一個胡太后。這婆媳二人把持後宮，真是鐵桶山河。高緯有個乳母陸令萱，本是罪人之妻，因為跟高緯感情好，封了女侍中，號為「大姬」——以上是背景。而女主角則是斛律皇后的侍女，身分低微的穆黃花。

聽起來，似乎毫無突破口，是嗎？

穆黃花先是進了宮，依靠美貌得了恩寵，然後和陸令萱勾兌好了關係。陸令萱的權勢只能及於後宮，但還是有法子保護穆黃花，等穆黃花生了兒子高恆，陸令萱給出一個絕妙的主意：斛律皇后無子，急著要兒子呢，就讓穆黃花獻出高恆來，當斛律皇后的養子，於是名正言順的，高恆成了當朝太子。一年之後，陸令萱等到了機會，胡太后荒淫事發，高緯大怒，為了怕老娘丟人，把她幽禁起來，於是陸令萱加穆黃花聯盟成了後宮一霸。侍中祖珽來拍馬屁，陸令萱給了他機會表忠心：去，把斛律光解決了！祖珽一進讒言，斛律光和斛律皇后先後遭殃，穆黃花拿回了自己的兒子、當朝太子高恆。這時候，穆黃花再當皇后，自然是順理成章。

喏，以上就是一個完美的，毫無外戚實力，只利用美麗的容顏、新生的皇子和奶媽，就完成宮鬥的經典例子。當然，這樣的例子實在太少，而且沒有足夠的靠山支撐，也實在不能長久。最後穆黃花還是身隨國滅，淪落風塵了——但那就不是她宮鬥的時候能預料的了。

三國四美人

黃月英本來不叫黃月英。

她叫什麼，史書未載。只是沔南名士黃承彥，跑去對諸葛亮說：「身有醜女，黃頭黑色，而才堪配。」

頭髮黃，肌膚黑，乍聽很適合孫權：碧眼紫髯，夫妻擱一起，是塊調色盤。

諸葛亮挺高興，娶了黃姑娘。鄉下人嘴刻薄，說：「莫作孔明擇婦，正得阿承醜女。」

話說黃姑娘，大概確實不好看。黃承彥可能是自謙，鄉下人民的眼睛卻是雪亮的。但鄉人看臉，諸葛擇才，眼光那自然大大不同。

妙在黃承彥家裡，是跟劉表老婆蔡夫人攀得上關係的。蔡家在荊州，反客為主，一方豪族。諸葛亮本可以攀那一層關係，卻還是跟了劉備。

臥龍出淵，眼光自是不同凡響。

想像黃夫人在家裡：「哎，我姨夫是省裡老大劉表，你要去跟他幹不？」

「不，我還是跟縣裡的劉備好了。再過十二年他就是皇帝了，我四十歲剛過就要當總理呢。」

「吹吧你！」

蔡文姬本來不叫蔡文姬。

蔡琰，字昭姬。因為晉時避諱司馬昭的昭字，改了文姬。類似於恆山為了避諱漢文帝劉恆，改叫常山；姮娥為了避諱漢文帝劉恆，改了嫦娥。

蔡文姬先嫁了衛仲道，喪夫後回家，後來被董卓部將擄走，又被匈奴左賢王劉豹抓去，生了兩個孩子。十二年後，曹操重金將蔡琰贖回來，是所謂「文姬歸漢」，將她許配給董祀。

蔡文姬的夫君有三位：衛仲道、劉豹和董祀。但與她故事最多的，是曹操。

——董祀犯罪，蔡文姬披髮赤腳，隆冬季節去求曹操，曹操於是赦了董祀。看著沒啥了不起，但若知道曹操持法嚴峻，酷虐變詐，想必當時左右都會交頭接耳：「魏王怎麼為了這姑娘，改性子了？」

——蔡文姬說她能背出家中遺失的藏書四百篇。聽上去像不像黃蓉她娘？曹操大喜過望。

——《胡笳十八拍》則是歷史流傳的名篇，不提。

孫尚香應該也不叫孫尚香。

《三國志》裡只提到了孫夫人，沒提名字。

劉備跟孫夫人那段感情，大概不算甜美。正史上，孫權嫁妹，但孫夫人身邊沒事侍婢百餘人護衛，嚇死人。又孫夫人容貌如何不確定，但性格剛強，有諸兄之風——孫策、孫權都愛親自打獵射虎，孫堅也是個剽悍勇健的性格。

《三國志．蜀書．法正傳》裡，諸葛亮說：「主公之在公安也，北畏曹公之強，東憚孫權之逼，近則懼孫夫人生變於肘腋之下。」——把孫夫人跟曹操孫權列成一個等級了，端的是個母老虎！

還不提她嫁了劉備兩年後走掉，把阿斗都給抱走了。當然抱走阿斗未必是壞事，但抱走劉備唯一繼承人，這也挺坑的了。

甄宓很可能也不叫甄宓。

文昭甄皇后，正史不記名字，河北人。嫁了袁紹的次子袁熙。二十一歲那年，甄夫人在鄴，被十八歲的曹丕收了。

十六年後，曹丕稱帝，去了洛陽，封了郭氏作貴嬪，甄夫人留在鄴，仍為夫人。甄夫人不高興。曹丕賜死甄夫人「髮覆面，以糠塞口」。

當然曹丕一向輕薄臭流氓（此處王忠、張繡、夏侯尚、于禁們當然要一起點頭了），但只做對了一件事，讓甄宓的兒子曹叡當了太子。曹叡後來稱帝，追封了甄宓作文昭后，也算為母報仇——是不是聽上去像《狸貓換太子》故事中的宋仁宗？

這是最初的她們：

一個醜但有才的黃夫人，一個流離苦命的才女，一個剽悍剛強的政治婚姻小公主，一個失寵死去被追封的皇后。

而且，都沒有正經名字流傳下來。

黃月英之所以叫黃月英，連《三國演義》書裡都沒提，應該是各色戲曲評書裡的說法，像袁闊成先生的評書《三國演義》裡已有了。

其實《三國演義》裡都沒怎麼提她。只是民間傳聞，將諸葛亮各色神奇，多歸到黃夫人身上，什麼羽毛扇是黃夫人相贈啦，什麼木牛流馬是黃夫人製造的呀。類似於給蘇東坡安排個蘇小妹，屬於民間創造。

真正開始大肆拿她說事的，是民國時一本同人小說《反三國演義》。那本小說是蜀漢擁護者尤其是馬超迷的福音，是魏吳兩國愛好者的噩夢。其中黃夫人一則，很神奇：說她容貌端莊，一點兒都不醜，只是亂世為了避免被歹人覬覦，才如此自毀；說諸葛亮在前線所向無敵，沒空回來，於是黃夫人坐個飛行器，直接去南蠻，召喚一道雷，把孟獲們嚇倒了，從此拜服。黃夫人一個法術，勝過諸葛亮七擒七縱——這大概是我所見最玄幻的一個黃夫人。

蔡文姬在《三國演義》裡只出場一次，浮光掠影。說曹操路過她家莊上，跟楊修打了個啞謎。楊修當場解出，曹操過三十里路才琢磨出來。這是楊修繼「一合酥」、「門上加活等於闊」之後，又一個讓曹操嫉賢妒能的細節。但《三國演義》裡不太寫曹操的情感故事，所以蔡文姬也只是閒筆罷了。

相比而言，孫尚香揚名立萬，全靠《三國演義》。

一來羅貫中筆下，她有了名字：尚香，然後她有了戲分。《三國演義》既然尊漢揚劉，劉備娶親這事自然要大肆渲染。本來簡簡單單的一個孫權「進妹固好」，嫁妹妹來鞏固聯盟，變成了周瑜美人計、諸葛亮將計就計、甘露寺吳國太看新郎、北固山孫權劉備聯馬談笑、孫劉成親、劉備出逃、孫夫人退追兵、二氣周瑜，終於「周郎妙計安天下，賠了夫人又折兵」。

羅貫中的虛構才華，到此巔峰。

孫夫人也顯出剛柔並濟的成色，不再是劉備家的母老虎，而成了劉備的護身符。最妙的一處是這樣的：當時吳將圍上來，要殺劉備，孫夫人吼了，吳將們推脫是周瑜將令。孫夫人：「你們只怕周瑜，獨不怕我；周瑜殺得爾等，我豈殺不得周瑜！」吳將們面面相覷：「她與吳侯，一萬年也是兄妹。日後翻過臉來，都是我等不是……」

領導者的親戚，委屈的打工仔，如何做人，都在這裡了。

為了美化孫夫人和劉備的感情，《三國演義》還去掉了諸葛亮那句「肘腋之間」，加了劉備死後，孫夫人跳江殉情的傳說。可見人們骨子裡還是樂意看好眷屬，不愛看怨偶啊。

甄宓在《三國演義》裡，也只出場一次。曹丕入鄴，娶了她。曹操看了，說「真吾兒婦也」。這句話，意思深了去了。但之後，因為《洛神賦》的傳奇，導致她忽然之間，成了三曹都喜歡的女人。

這是第二重的她們：經過小說和民間改編，分別成為一個才華橫溢的女發明家、一個才女、一個有情有義的劉備夫人、一個名動天下的美人——還都有了名字。

我們都知道，這是個二次元改編歷史傳奇，然後倒逼歷史傳奇的時代。呂布可以從漢末一介騎射之將的諸侯，經小說改編成三國第一猛將，經遊戲和漫畫吹噓成三國第一戰神，儼然三國小項羽，就是名例。

二〇〇三年日本光榮公司出了遊戲《三國志9》，黃月英與馬雲祿初次出現，可見光榮公司內部人員確實熟讀三國，連評書和同人小說都不放過。黃月英設定得並不美麗，但數值驚人，特技也是偏法師一路，儼然諸葛亮身邊多了個小張角。後來《真・三國無雙》系列，更是將她放了進去。黑膚是不怎麼體現的，黃髮卻代代如此，顯得她格外異域風情，簡直有精靈族的架式。不僅是大發明家，神機妙算還在諸葛亮之上，就差直接說她是三國魯班啦！如果還有誰不識時務，說「黃月英其實特別醜」，那更可以用《反三國演義》的說法直接懟回去：

「亂世嘛，女孩子低調點兒怎麼啦？」

蔡文姬在遊戲《三國志10》是做為旁白解說出場的，之後也成了可操作武將。妙在另一款遊戲《真・三國無雙7》，還特意安排了她。大概魏勢力沒有個女孩子跟曹操打對臺戲，所以找了蔡文姬。《真・三國無雙7》中，蔡文姬使一個箜篌[22]，適合她才女的做派，簡直隨時要客串《孔雀東南飛》；跟曹操的感情，也算發乎情而止乎禮；遊戲甚至有個外傳關卡，是她出去晃蕩了，魏國諸將急吼吼地滿世界找她，滿臉都是「幫主公把媳婦兒找回來」的架式。

這也跟曹操的形象發展有關。本來嘛，曹操的夫人裡，卞夫人、丁夫人，都大有文章可做。但既然大家都已經默認了曹操喜歡別人家的太太，他跟蔡文姬便大有話說。畢竟想來想去，貂蟬配呂布，鄒氏不是啥好女人，蔡文姬與曹操卻算是彼此欣賞，而且蔡家那位董先生存在感不強，就讓蔡文姬跟曹操算一對柏拉圖戀情精神伴侶，也不壞。

孫尚香的形象，真是光榮公司給立起來的。《三國志9》開始，她是一個出色的弓兵將領，又有所謂弓腰姬的說法，一望而知是日本詞。《真・三國無雙》系列裡，她是個玩呼啦圈的青春少女，活潑元氣，明媚奪目，跟劉備談戀愛的戲分也大大加強。所以在這

22箜篌：古代的一種弦樂器，形狀似瑟而較小，弦數不一，用木撥彈奏。

個時代，誰還會在意劉備那兩位甘苦十數年、帶阿斗闖長坂坡的甘夫人和糜夫人呢？誰會在乎孫夫人歷史上讓劉備戰戰兢兢，估計都沒啥夫妻生活的現實呢？東吳有個活潑熱辣的萌妹子才重要嘛！

最後，甄宓。

正史裡曹丕與她成了怨偶，不妨礙人們後續的編排。《世說新語》裡有句話，明說了曹操對她垂涎：「魏甄后惠而有色，先為袁熙妻，甚獲寵。曹公之屠鄴也，令疾召甄，左右白：『五官中郎已將去。』公曰：『今年破賊正為奴。』」——說明如果曹丕沒搶甄夫人，曹操那是一定要搶的了。

說一下這個宓字。

曹植寫過《感鄄賦》，一般認為是因曹植被封鄄城所作，也就是《洛神賦》。但人們的浪漫主義精神發作，認為這其實是《感甄賦》，感的不是鄄城，而是甄夫人。又洛神名叫宓妃，既然洛神就是甄夫人，那就老實不客氣，給甄夫人起名叫甄宓了吧！

遊戲《真・三國無雙》系列又天馬行空，因為甄夫人大曹丕三歲，於是設定她成了御姐。本來洛神是翩若驚鴻婉若遊龍，硬生生多了御姐範兒，這又是民間再創作了。

多說一句：跟甄夫人搶曹丕的那位郭夫人（史書叫做郭女王），傳說名叫郭嬛。甄嬛的典故，源出於此。

但無論是甄宓還是郭嬛，都是民間傳奇。就像孫尚香、黃月英的名字，那都是史書不載，人民樂意。

所以啦，如今就是這個局面：

黃月英成了發明家女術士，蔡文姬成了曹操的精神伴侶，孫尚香成了東吳第一元氣少女，甄宓成了洛神和御姐。

正史裡她們只有姓，演義評書讓她們有了名字，二次元改編讓她們有了傳奇。

自然，現在她們與歷史形象固然相去萬里，但那又如何？人們樂意嘛！

「我瞭解你的一切把戲……但還是等你」

一

中國古代女性，地位從來可憐。

當陽長坂，劉備兵敗，趙雲亂軍中懷抱劉阿斗歸來，千古傳奇。但拋妻棄子、奪路南逃的劉備，卻甚少受指責。到後來陳壽寫《三國志》，讚美劉備有高祖之風；說趙雲彷彿西漢開國功臣夏侯嬰，這卻有些皮裡陽秋[23]。四百年前，遭遇類似處境時，劉備的祖宗漢高祖劉邦，那也是慌不擇路，把自己的孩子往車下扔，得虧駕車的太僕夏侯嬰，幾次三番，把孩子又抱回來放車上了——類似於趙雲救阿斗。事情聽來慘無人道，但在當時卻是被理解的。因為在古代，婦人孩子，都是男人的附庸，「兄弟如手足，夫妻如衣服」，居然還是句籠絡人心的話呢。

所以偶爾有個把多情種子，肯對女人寫幾句好話，大家都會當作癡情漢來談論——哪怕癡情漢本身也未必多專一。

蘇軾的確對王弗「十年生死兩茫茫，不思量，自難忘」，但不妨礙他續弦，還跟他家那位名妾朝雲到處秀恩愛。

元稹的確「曾經滄海難為水，除卻巫山不是雲」，但他老人家的情史，那也是一筆糊塗帳。

甚或《浮生六記》，本來作者沈復，也不過是個蘇州士人，相比於同時代文人，有些趣味，能動手，精力也旺，頗有才氣，但抵不上他的心氣高。所以他的文章，內容與題材勝過文筆。這位總覺得自己很了得，但確實做啥都不太能成。他常念叨自己是林和靖之類，但骨子裡其實很好熱鬧，是紅塵中人，有蘇州小市民活潑的內心。所以整本《浮生六記》好看，不在沈復，在他妻子陳芸。

饒是如此，做為古代名人裡的模範丈夫，沈復還是有堂而皇之大寫去廣東嫖妓的段落，還自命風流，洋溢著「兄弟我就是有魅力」、「像在下這樣對妻子好的，那實在不多了」之類的情感。

如清朝大才子，李漁、袁枚們，都有把女性物化的詞句。只是大家對古代人寬容度會高些，畢竟那時代男尊女卑。包括民國那一代許多文人，所受的教育，對女性要麼當家眷

23 皮裡陽秋：嘴上不說好壞，心裡有所褒貶。

守之以禮，要麼當歌姬謔笑狎玩，還要在男人間開玩笑聊女人。那一代才子，會覺得「我就是才子，率性自如說就是了」，所以他們談及女人的文字，不可謂不深情，不可謂不溫柔，但多少還是帶狎玩氣。他們甚至不是故意的，只是自己沒注意到而已。

二

所以《木蘭詩》千古有名。許多人在意的是木蘭的孝心與戰績，然而最妙的，卻是其中的女性自強色彩。木蘭出戰時，算她十六歲，大戰十二年歸來，也近三旬了。擱現在，那自然會被社區大媽說是剩女，要逼著相親了。在古代，更加是大齡女子了。

可是她回來之後，對鏡理雲鬢，貼花黃，穿戴完了，出門看夥伴，夥伴都嚇一跳。「同行十二年，不知木蘭是女郎」，木蘭還來得及開個玩笑：「撲朔迷離啊，兩兔傍地走，安能辨我是雄雌」？

擱現代，一個二十八歲的普通女孩子，能這麼硬氣地對男性說這番話，都算是豪氣干雲，何況她是一個精忠報國，孝父無雙，關山萬里，寒光鐵衣，辭去了尚書郎，悠然回故鄉，起碼二十八歲的單身大姑娘。人生半輩子在疆場，歸來還是舊衣，還是紅妝，還是談笑自若。在最慷慨壯烈瀟灑的時候，還能先用兔子打比方，舉重若輕地開個玩笑。

這份不讓鬚眉的派頭，比她的孝心和戰績，更加動人。

所謂強勢女性，未必是得跟老爺們猜拳喝酒比嗓門大。這份派頭，也可以。

三

歸有著名文章《項脊軒志》，結尾句曰：「庭有枇杷樹，吾妻死之年所手植也，今已亭亭如蓋矣。」

然而歸有光看似情深，納妾續弦，那也是毫不含糊。

而且，這個意象，還真未必是原創。桓溫當年，「樹猶如此，人何以堪」，類似意象，古人用太多了。

有一句話，比歸有光那句強多了。

歸有光之前兩千年，晉國公子重耳——後來的晉文公——流亡到狄，娶了季隗。到他要走時，對季隗說：「等我二十五年不回來，妳就嫁了吧。」

季隗笑道：「犁二十五年，吾塚上柏大矣。雖然，妾待子。」

「等你二十五年，我塚上的柏樹都大啦——雖然如此，我等你。」

這故事有一個尚算甜美的結局，八年後重耳歸國，開始他春秋五霸的不朽偉業，與此同時，接回了季隗。

雖然如此，這故事最細膩處，卻是季隗的態度。

面對重耳這種自私的要求——「等我二十五年就嫁了吧」——季隗還笑得出來，是真被男人的涼薄逗樂了吧？

那第一句話極為悲哀，「二十五年，塚上的柏樹都大了」，這一句之利，足以壓倒歸有光。但更棒的是後一句，「雖然如此，我等你（雖然，妾待子）」。

那是已經看穿了男人們的自私，看明白了承諾的不可靠與命運的殘忍，於是先哀婉地嘲諷，戳穿了這句話，但還是，溫柔又堅決地，表達了自己的愛。

這大概是中國古代女子，對待殘忍命運時，最不卑不亢，卻情致深婉的一句話了——至少在這句話面前，春秋五霸的重耳，忽然就顯得，蒼白無力了。

皇二代

在中國做皇二代，生活殊為不易。首要障礙：你得活得下來。蓋因開國皇帝多艱苦，自顧不暇，經常顧不到兒子，急了還拿兒子當沙袋和安全氣囊。比如劉邦彭城之戰，為了逃命，竟然把劉盈一個未來的大漢天子往車底下扔；阿斗在當陽長坂多虧趙雲救出，民間傳說還挨了爸爸一摔；曹操的大兒子曹昂就比較不順，硬生生折在宛城，成全了曹丕。

即使活下來了，也很不易，你得接得上位置。李世民當日玄武門之變，殺兄弟不提，逼父親的傳聞也不絕於耳，但倘若不下殺手，李建成、李元吉未必放得過他；趙光義接了哥哥的位置，至今燭影斧聲，大家忙著考證柱斧究竟是否戳得死人；孫策一死，張昭第一時間扶孫權上馬出去巡視——得趕緊讓大家知道孫權才是正統啊。

接了位置，也不太平，誰知道大家聽不聽你的？

漢文帝被推選為皇帝時，自己都不敢信，遲疑良久，就怕入朝吃虧。怎麼吃虧呢？

項梁立楚懷王，自己是楚國實際的王牌，但他在定陶一死，楚懷王這個牧羊出身的傀儡楚王，立刻動手，趁項氏力弱，讓宋義當家，項羽反而為其下。所以項羽果斷出手，以下犯上殺了宋義，再完成鉅鹿之戰，成了諸侯聯盟上將軍。既可說是激於一時豪氣，也可說是自保——政治鬥爭裡一時失了勢，很容易就被按住了。

古人也非不聰明，這個道理，其實早早就明白了。管仲當年搞葵丘之盟，成全了齊桓公春秋首霸，順便也立了最早的國際公約。《春秋穀梁傳・僖公九年》道：「毋雍泉，毋訖羅，毋易樹子，毋以妾為妻，毋使婦人與國事。」

按這五條，雍泉事關水源，訖羅事關糧食，都是民生大事，大家說清挺好；後面三條，不換太子、不立小老婆、不讓妻妾干政，就比較私密了。哪位問了：管仲恁也多事，都管到君王臥室裡了！都按你這樣說，後世的宮鬥戲還拍不拍了？然而細想來，帝王家事，都是政治。雖然這幾條早在西元前七世紀就成了共識，但後世不也沒能解決這些嗎？當日曹操問賈詡立誰為太子好，賈詡裝糊塗，只隱約說想起了劉表和袁紹父子的事兒——這二位都是立了幼子，結果顛覆基業——讓曹操定了立長子曹丕的心思。區區三國不到百年，類似的立嗣事件就給羅貫中那麼多騙稿費的題材。

這裡就不免得說一句了，當日秦二世胡亥，算是地道的皇二代。跟趙高鬧矛盾到最後，終於閻樂前來弒君。秦二世還跟他討價還價：

「吾願得一郡為王。」被拒絕。

「願為萬戶侯。」被拒絕。

「願與妻子為黔首，比諸公子。」——當個平民老百姓總可以吧？閻樂懶得跟他廢話了，直接動手殺了。這就是皇二代必須面對的問題：這一行，處理得不好，就是殺身之禍。

亞歷山大大帝，算是歐洲千古一帝了。但如果追根溯源，雖然亞歷山大拓地萬里，縱橫捭闔[24]，天下無敵，但細說起來，其實他也算是皇二代。因為一般公認，馬其頓最初的基業與兵卒，算是他父親腓力二世打下來的。

且說腓力二世這馬其頓王位，來得也不算正。少年時他在底比斯當人質，大概類似於燕太子丹在秦國當人質。幸而他運氣好，在那裡遇到名將伊巴密濃達，授了不少軍事心法。回得國來，等兄長佩爾狄卡斯三世過世，姪兒阿敏塔斯四世登基，腓力二世立刻廢了姪兒，自立為王。

登基八年後，腓力二世的王后，伊庇魯斯公主奧林匹亞絲，生了個兒子，就是後來的亞歷山大大帝了。

24 縱橫捭闔：在政治或外交上常用的拉攏、分化等靈活高明的手段。

當日腓力二世自不知道這小子會縱橫世界，只滿心覺得奧林匹亞絲個性專橫獨斷又神祕。亞歷山大十九歲那年，腓力二世跟奧林匹亞絲分開，娶了馬其頓豪門阿塔羅斯的姪女克麗奧佩脫拉。據說大婚之日，國舅爺阿塔羅斯太得意了，說：「馬其頓王室將會有一個合法的繼承人。」——亞歷山大的老娘奧林匹亞絲已然失寵，亞歷山大自己雖還坐著繼承人之位，但位置不穩。假若克麗奧佩脫拉為腓力二世生個兒子，亞歷山大可不就危險了？

一年之後，腓力二世被保鏢保薩尼亞斯刺殺。動機何在？亞里斯多德認為，保薩尼亞斯得罪了腓力的岳父阿塔羅斯，之後的史學家則推演出保薩尼亞斯跟腓力是同性之愛，這是場情殺。再後來學者查士丁按照誰得利誰動手的標準，認為奧林匹亞絲與此凶殺案脫不了干係——那亞歷山大，自然也很難清白了。

且說腓力二世一死，亞歷山大立刻通過減稅贏得馬其頓軍隊的效忠，然後啟動軍隊，閃電迂迴色薩利，色薩利同盟奉他為盟主。此後他南下溫泉關，雅典與底比斯向他求和，之後科林斯同盟大會選他為最高統帥，繼承他爸爸腓力的地位，希臘就此搞定了。他又在多瑙河收拾了蓋塔人，再搞定伊利里亞人，南下推平了底比斯，懾服了雅典。一氣呵成。

這是對外，對內，他也出手迅速。

就在腓力二世的葬禮後不久，亞歷山大處死了國舅爺阿塔羅斯，他老娘奧林匹亞絲殺了情敵克麗奧佩脫拉和她的兒子。亞歷山大再處死阿敏塔斯——就是他父親的姪兒、父親的前任馬其頓國王——如此就處決了一切有可能跟他爭奪繼承權的人。這些迅速的清洗，加上他後續的軍事行動，令他得以急速穩定手頭的權力。至於之後征服東地中海和遠征亞洲，已然是如臂使指、水到渠成了。

所以囉，用經濟利益搞定軍隊，迅速解決其他潛在繼承人，用明快的軍事行動壓服潛在不服者，確定正統地位。

甚至英國若干學者相信，亞歷山大持續不斷的征伐，以及不斷納入新的僱傭兵，甚至解散老兵，都是為了弱化父親的核心部眾——即所謂「國王的夥伴們」——的話語權，並樹立自己的威望。越打仗，他威望越高，軍隊裡的老人們就越得聽他的。二代們都得靠遠征來奠定自己的威望，這也不新鮮吶——趙匡胤的弟弟趙光義就做過了類似的事。

羅馬帝國開國的屋大維奧古斯都，也算是繼承基業的皇二代。先前凱撒平了龐培，打了七大戰役，已為後來者奠定了基業。哪怕凱撒功業垂成，被布魯圖斯們刺殺時，也已到了所謂「凱撒之後，羅馬已永無可能重回共和制」的局面，只看接任者是誰了。

屋大維老娘阿提亞是尤利烏斯．凱撒的外甥女。凱撒領養了屋大維，指定其為繼承人。凱撒一死，跟凱撒南征北戰、討平過龐培、功勛卓著的安東尼，相比於十八歲的屋大維，地位顯然高些。然而屋大維聰明，他先不斷強調自己是凱撒的正統繼承人，再到達羅馬，率先發難，斥責安東尼不懲處刺殺凱撒的凶手，先聲奪人。他先利用布魯圖斯，削弱安東尼，如此安東尼只得與他結盟，兩人謀求合力幹掉政敵布魯圖斯和卡西烏斯。終於安東尼與屋大維、雷比達一起成立「後三頭同盟」。

腓立比大戰後，布魯圖斯自殺。屋大維剩下的對手，也就是安東尼了。他讓安東尼掌管埃及，成為羅馬疆域東方的主人，然後指控他要把羅馬出賣給埃及豔后克麗奧佩脫拉。當這項指控成立時，安東尼自然就失去了繼承凱撒大統的地位，成了個埃及人。更微妙的是，埃及豔后克麗奧佩脫拉有一個和凱撒生的兒子，屋大維藉羅馬與埃及的對立，輕易地使凱撒的這個兒子也成了敵人。此後亞克興海戰過去，安東尼和克麗奧佩脫拉先後自盡，屋大維占領埃及後第一件事，就是殺死凱撒里昂——從此，他就是凱撒名正言順的第一繼承人了。

亞歷山大和屋大維當然是不同的兩個人物，但在成為皇二代後，他們的所作所為其實有共同處：拚命搶奪正統地位，給一切潛在繼承人掛上反派的帽子，終於殺死一切潛在繼承人；利用外部矛盾（亞歷山大利用了波斯對希臘的壓力，屋大維利用了布魯圖斯和安東尼的矛盾）鞏固自身力量；攥緊軍權。

甚至他們經歷的危險也很類似：亞歷山大父母分開時，他一度得跟老媽一起逃走，就為了一旦自己繼承人的位置不保好避禍；凱撒一死，屋大維的老娘哄他放棄繼承權，也是知道這條路註定血跡斑斑，太危險了。

如亞歷山大和屋大維這樣，屬於一帝傳一帝，普天之下莫非王土，所以得上臺就滅其他繼承人，搞大一統。當日窩闊臺繼承成吉思汗成為蒙古大汗前，拖雷監國一年，後來窩闊臺得了天下，拖雷就莫名其妙地死了——話說當日窩闊臺生病，巫師大忽悠，說得有家庭成員犧牲，才能治癒窩闊臺；拖雷飲下被詛咒的飲料後死亡，窩闊臺病霍然痊癒。稍微瞭解點兒蒙古內部巫師地位的，便曉得這裡面怪奇之處甚多，就差把「巫師鴆殺拖雷」這行字，寫進史書了。

話說西元五一一年法蘭克王克洛維駕崩時，按當時傳統，四個兒子瓜分其國。四王子克洛泰爾時年十五歲，但野心頗大。他趁二哥克洛多米爾在討伐勃艮第人時戰死，便占了二嫂貢迪奧克，又帶著三哥希爾德貝爾特，對付二哥的三個兒子——也就是他的那三個姪子——弄死兩個姪子，逼走最後一個姪子克羅多奧德；再聯合大哥和三哥，瓜分了二哥的領地奧爾良王國。又三十一年後，克洛泰爾的大哥早已過世，克洛泰爾幹掉了自己的姪孫，吞了蘭斯王國；又三年後，三哥希爾德貝爾特終於去世，克洛泰爾便吞併了巴黎王國——事隔四十七年，終於吞掉自己三位兄長的土地，統一了法蘭克王國。

這做法其實頗得奧古斯都的精髓——拉一派，打一派，慢慢蠶食。日爾曼人的「父死，兒子們平分其地」制度，導致了諸多皇二代們的互相攻伐。所以有時兒子生得少，反而是好事。西元七六八年，加洛林王朝創始人丕平駕崩，兩兒子，一個卡洛曼，在蘇瓦松登基；一個查理，在努瓦永登基。三年之後，卡洛曼一去世，查理舒舒服服地併吞了弟弟的國土——然後就開始當他的查理大帝了，這就舒服多了。

歐洲中世紀進入封建領主制後，皇二代們打仗的壓力變小了些，但經濟和外交壓力增大。阿徹．鐘斯先生提過一個說法：中世紀打仗，大家流行昂貴的重騎兵，以至於一度只有貴族打得起仗了。騎士們對打，不求砍死，只求落馬逮人換贖金。如此打仗需要費思量，更多小貴族都喜歡作壁上觀。於是皇二代們很辛苦，要是父親強力、自己爭氣，那麼令行禁止，諸領地的伯爵也會乖乖派兵前來效忠，打起仗來也威風；一旦手握兵權不足，則爸爸一旦過世，自己雖有繼承人名分，倘若沒錢沒兵，諸位貴族就會袖手旁觀，嘴上唯唯諾諾肯幫忙，實際上不出一個兵。

如此，中世紀的歐洲，皇二代們的苦惱就不再是殺兄弟，搶正統，而是讓豪強地主都聽話，《巴黎聖母院》裡寫路易十一咬牙切齒，「總有一天全法國只有一個法國，只有一個絞刑架，只有一個上帝」，就是吃了太多封建割據的大虧。到皇帝已經不那麼流行的時代裡，還是有拿破崙三世這個微妙的例子。

當年他叔叔拿破崙．波拿巴一代天驕，雖然在萊比錫和滑鐵盧被命運摧折，老死聖赫倫那島，但法國人對帝政時代常懷感情，雖然波旁王朝和七月王朝你來我往，大家還是對拿破崙的光榮念念不忘。拿破崙三世——沒稱帝前叫做夏爾－路易－拿破崙．波拿巴——兩次企圖造反，兩次未遂。趕著一八四八年歐洲革命，共和國建立，參選總統，還真當選了。當日他怎麼當選的呢？波旁王朝等遺老覺得他不差，「至少不是共產主義者」；資本家覺得他的經濟主張有趣；最可愛的是農民階層對他的支持，理由：「他名字裡有拿破崙．波拿巴！」他也確實明白了自己的地位，所以當總統時，自稱為「王子總統」——很明顯，路易－拿破崙先生，把「拿破崙」這張牌打到了極限。

但僅僅這些，還不足以讓他稱帝。打從查理一世被英國人民幹掉後，大家就知道，國王和皇帝的真正敵人，是議會。一八五〇年，法國議會限制普選權，規定總統任期縮短為三年。路易．拿破崙抓住機會，發動公民表決，讓法國的議會名存實亡；一八五二年的公投裡，百分之九十七的人支援他稱帝，於是他稱帝了：拿破崙三世。

雖然最後倒臺的方式不太光彩——色當會戰被活捉，成全了俾斯麥的夢想，讓普魯士人成為歐洲頂尖強國——但拿破崙三世上臺的經歷，倒值得一切皇二代借鑒：藉著一個好姓氏，靠著法國人對光榮時代的懷念，把「拿破崙」這張牌打到光芒萬丈，終於復辟成功。他獲得遺老和農民的支持，讓人無法不想到半個世紀後，北京那喜劇般的張勳復辟。事實證明，不只是中國人迷戀著帝國的榮光，經過大革命洗禮的法國人民亦復如此。

這就是皇二代們的典型歷程：

在上古時代，他們需要屠殺其他繼承人，靠武力和外交權謀幹掉一切潛在對手。

在中古時代，他們需要削藩收權，鞏固自己的權威。

圍繞這一切不變的，是他們的拚爹——亞歷山大需要腓力二世，奧古斯都需要凱撒這個姓氏，克洛泰爾需要娶嫂子來確認土地的合法使用權，路易·拿破崙則把拿破崙這個姓氏運用到了極致。

在這些故事裡，皇二代進行著另一種拚爹。爹的名字不一定意味著金錢，還意味著威名榮光和繼承權——當然也意味著危險與厄運。說到底，我們現在能記住的皇二代，都是玄武門血案的倖存者，而更多的皇二代，比如被亞歷山大殺死的兄弟、被奧古斯都處理掉的凱撒里昂、早早死掉成全了查理的卡洛曼們，都只能感嘆：做皇二代真是高危職業，成王敗寇，莫此為甚啊。

歐洲歷史上如何反腐敗

要反腐敗，當然得先說何謂腐敗。

腐敗到最後，謀取的是利益，而其開頭，都跟權力或職務有關。

或曰：借公權或私權，謀取特定利益，是為腐敗。

歐洲歷史上，也有腐敗。而且他們也反腐敗。

有些古希臘人認為，腐敗是東方國家專有的事兒。這麼說並非扣帽子，概因古希臘人跟波斯人打慣交道了，之後凡承當古希臘一脈的歐洲文明人，都認定東方就是龐大臃腫的大帝國，動不動就能在赫勒斯滂海峽（今達達尼爾海峽）造個浮橋，渡過來三五百萬軍團、十來萬頭大象，權臣從中貪汙腐敗，視人民血肉如螻蟻。無視公益，就是腐敗。

希臘人為什麼覺得自己可以不腐敗呢？他們自視城邦簡約，覺得這樣才能保持行政清明，不至於紊亂。

又古希臘人覺得，凡是極權，必出奸佞，所以對僭主[25]制度格外敏感，怕的就是權力導致腐敗。

當年雅典大賢人地米斯托克力帶領雅典人打出薩拉米灣海戰，預定了之後一個世紀雅典的海上霸權，但雅典人忌憚他有可能要獨裁，先是把他貝殼流放[26]，十年不許回雅典；再因為據說他曾給波斯人逃走的機會，於是追逼通緝，直到他自盡。這就有些趕盡殺絕過了頭，簡直讓人感嘆民粹過於狠辣了。

這大概是歐洲史上最早的反腐，靠的是希臘制度之下，民眾的力量——當然現在看來，有民粹嫌疑。大概當時對一切「可能掌握權力導致腐敗」，都過於敏感了。

羅馬人自從入了共和，開了元老院，也覺得自己能夠避免腐敗。多數人的力量，唇槍舌劍的議論，準能夠抑制權力製造腐敗嘛。

但在擊敗迦太基、逼死漢尼拔、把希臘人壓得差不多、把地中海周邊收拾得七七八八後，羅馬人也出問題了。

首先問題就出在：他們征服的地區太大啦。

羅馬人習慣把征服的遠方劃作行省，派個誰，比如說元老吧，去行省當總督。這位總督爺基本只管收稅、保證治安、管管司法，偶爾搞搞鎮壓，比如把耶穌釘上十字架。其他方面，各省城市多有市議會，官員自治。這些城市只要如數納稅，表示咱對羅馬是服氣的——到了羅馬帝國時期，還得表示敬拜羅馬皇帝——就太平了。

這制度看著自由，問題也很大。既然羅馬行省的精華都在收稅上，自然稅收制度花樣翻新，讓行省人民頭暈目眩。比如有過所謂包稅制，好比元老院說「某某省明年應該交稅六百萬」，哪位爺說「我負責一年收八百萬」，又一位先生道「一千萬不在話下」，那就讓嚷一千萬那位去當總督，那位任期也短，自然也得盡量刮盡地皮，收工了事，除了給元老院包一千萬，自己中飽私囊，那就不必多提了。

這就是典型的地方領導權力腐敗。

到西元前一世紀，因為有行省的哺育，羅馬城的公民已經不再納稅，下層人民也開始好逸惡勞。為了養活這一城閒人，羅馬元老院也只得敲骨吸髓，把行省人民不當人看待。比如迦太基自從西元前二〇二年札馬之戰敗北，一直服服帖帖歸羅馬支配，但羅馬人見迦

25僭主：一種君主制變體。希臘時代認為，不通過世襲或合法民主選舉程序，憑藉個人聲望與影響力，獲得權力來統治城邦的統治者，被稱為僭主。

26貝殼流放：又稱陶片放逐制，是古代雅典城邦的一項政治制度。雅典人民可以透過投票強制將某個人放逐，目的在於驅逐可能威脅雅典民主制度的政治人物。

太基又繁榮起來，便生嫉妒貪鄙之心。元老老加圖就不斷慫恿對迦太基再發動一次戰爭，仗著德高望重，每次去元老院，不管討論什麼事，收尾時都要來一句：

「我認為迦太基必須毀滅！」

於是西元前一四九年，老加圖八十五歲高齡逝世那年，羅馬元老院終於被他煩夠了，起兵攻打迦太基。三年後，小西庇阿把迦太基夷為平地，收為行省，名叫阿非利加——現在我們用這詞稱呼非洲。

這就是當日羅馬的腐敗方式：羅馬元老院有權力策動戰爭，於是藉著戰爭發財。他們無休止地發動戰爭，毀滅周邊城市，希臘的科林斯、北非的迦太基、西班牙的努曼西亞，紛紛被搶劫，繼之以焚燒，人民被賣為奴隸，財富紛紛被吸入羅馬元老院們的私囊，倒楣的是陣亡的士兵、無土地的小農階層，以及遠方被淪為行省的土地上那些從平民變為奴隸的可憐人。

於是終於有一位勇士，打算出來反腐敗了。

提比略．格拉古（Tiberius Gracchus）出任保民官，他將「把公有土地重新分配」的提案變成了法案。理所當然，元老院特別討厭這事兒，於是當格拉古投入競選，想親自監督法案執行時，就被暗殺了。

十年後，他的兄弟蓋約．格拉古繼承其遺志繼續努力時，也被刺殺。

這兩位反腐的失敗，也讓羅馬人多少明白了：貴族統治也不能免除腐敗啊，腐敗的上層真敢殺人啊！

西元前一一一年，羅馬民眾選舉了一位新執政官，用公民總投票，賦予他在非洲的獨立指揮權。這位時年四十四歲的蓋烏斯．馬略，一上臺就興起了一次反腐改革。比較關鍵的是：首先，先前當兵的瑣碎的財產資格限制取消。這就解決了兵源問題。不愛當兵的繼續在家不思進取，有冒險精神的小夥子入伍打仗去了。

本來羅馬人平時耕地，戰時出征。馬略規定，士兵入伍，必須服役滿十六年。國家給士兵發軍餉，退伍後在被征服地區發給土地。如此就讓士兵從業餘效力變成了職業制，而且酬勞頗高，讓當兵的人有了盼頭——以前當兵，冒生命危險，為元老院出力；現在當兵領餉，時間雖然長，可是退役了還有土地，多值啊。

以往按年齡劃分的青年兵、壯年兵、後備兵，如今重新劃分。重裝步兵統一為軍團士兵，重新劃分單位。武器裝備由國家統一配給，統一規格樣式，免得大家自己再出錢買。

就是這麼支軍隊，讓馬略縱橫無敵。當然，他後來觸怒了元老院，一度被迫退休，但他的軍隊改革，直接影響了此後的羅馬歷史。

因為於羅馬而言，元老院本是個城市議會性質的組織，義務徵兵制也是希臘城邦式的制度。但羅馬疆界的宏大和元老院的貪欲，讓他們日益腐敗。軍隊就是元老院腐敗的工具，他們濫用軍隊征伐，攫取利益，用以自肥。

馬略的改革，看似只限於軍事，但直接動搖了元老院腐敗的基礎。羅馬有了常備軍，而且不再由元老院說了算；民眾開始接受軍事強人，元老院則失去了絕對的權力，於是也失去了他們謀利的最大工具——這就是一次釜底抽薪式的反腐敗。

但這次反腐，也有後續作用。

因為元老院被反腐打擊了權力，導致羅馬的軍權日益集中。馬略故去後，他的副將蘇拉、蘇拉的副將龐培、馬略的妻姪凱撒，一個個地成了軍事強人。終於半個世紀後，凱撒和龐培決戰，終於凱撒的繼承人奧古斯都，把羅馬推向了帝國制。

哪位說了：到羅馬帝國時期，權力集於軍團，能避免腐化了嗎？

很遺憾，也沒有。任何權力掌權久了，必然腐化。

瓦倫斯執政羅馬時期，哥德人一度集結在多瑙河邊，要求渡河。羅馬人對哥德人，既蔑視又懷利用之意——那會兒羅馬人早沒了凱撒們開疆拓土的精神，一心想借蠻族打蠻族，頗有點兒唐朝借安祿山對付塞外之敵的念頭。然而讓哥德人渡河，終究是犯躊躇。於是羅馬人提條件：哥德人要過河？可以，把所有尚未達到兵役年齡的男孩，都交出來作人質，未渡河前，先把一切武器上繳。

可是羅馬軍人，腐敗到這般地步——只要哥德人把妻女交出來供他們玩樂，兵器也就不沒收啦。哥德人就這麼含羞忍辱地過了河，懷著對羅馬人的仇恨，就此在羅馬帝國北邊扎了根。

熟悉歷史的人自然都知道，西元四七六年，西哥德人滅了羅馬——根源就是在這裡。

所以啊，軍隊一旦開始討價還價地經商了，也就必然腐敗了。

西元十七世紀，歐洲最腐敗的國家，換成了俄羅斯。一六八二年彼得一世即位時，西歐世界認定俄羅斯是個龐大野蠻的國家，沙皇將國家、土地和人民當作可以隨心所欲處置的私產。

於是，就看彼得一世的了。

眾所周知，彼得一世也不是什麼聖君仁主。他老人家流傳下來的無數標準像，都兼具俊美威嚴和囂張跋扈之姿。一般史家客氣些，會承認此人勇於創新、堅毅果決；西方史家則有不少覺得他是典型的暴君嘴臉，衝動粗魯、放浪易怒、六親不認。但只有一點，所有人都公認：此人不知疲倦為何物，好學不倦，一意孤行——最後這一點，在那個時代，還真算個優點。

史家會著重在意他那些細節，比如他喜歡微服私訪、親自去瑞典和西歐看如何造船、親自打死了長子、會使羅盤刀劍、會做木工、會親自給臣子刮大鬍子和拔牙，讓大臣落得滿臉滿嘴血，引為笑樂。史家會談論他一七一二年遷都彼得堡，和查理十二世累戰經年，一七二一年終於搶到波羅的海出海口的壯舉。

但這些，只是背後的故事。

一六九八年，彼得訪問西歐回來，掄起剪刀親自給臣下們剪鬍子，一年後又勒令貴族不許穿舊長袍，須得穿短裝，逼迫他們全盤西歐化。

他制定無數細緻政令，對各類大小事務規定各類嚴刑峻法。老百姓犯了錯就是罰做苦役、流放；軍官犯了錯就是剝奪軍銜、褫奪官職。彼得不太相信正面情感鼓勵，對諄諄教誨似無興趣。他使的就是殘忍的刑罰，這和他性格很難脫開干係——一般傳聞，這傢伙的最大愛好就是灌醉女伴，外加鞭打罪犯。

以及，他真的下手，嚴刑峻法地對付大老虎。

早在一七一四年，監察官涅斯捷羅夫便開始揭發西伯利亞省總督加加林公爵的盜竊國庫罪。這指控始終未能成功，因為樞密院辦這案子的是多爾格魯吉公爵，跟加加林公爵關係不差。兩位老爵爺互相袒護，理所當然。涅斯捷羅夫也是大膽，三年之後，找到機會，上奏彼得：加加林如何敲詐勒索、中飽私囊、侵吞國庫。彼得於是出手，派了個調查委員會：一個貴族樞密院的都沒有，全是自己身邊出生入死的近衛軍侍從。

「你們去西伯利亞查清楚！」

多爾格魯吉公爵堵不了全西伯利亞人民的嘴，事兒並不難查。近衛軍帶回了足夠的證據。加加林公爵認了罪，求彼得一世讓他去修道院悔罪，度過餘生。眾所周知，彼得一世就是這麼處置他姐姐索菲亞公主的——嗯，就是《鹿鼎記》裡跟韋小寶鬼混的那位金髮美女了。

可是彼得搖了頭。一七二一年夏天，就在拿到波羅的海出海口的俄羅斯史詩之年，彼得把加加林絞死了。接下來的舉措更奇妙：揭發加加林有功的鐵面監察官涅斯捷羅夫，也被彼得絞死了。雖然他精明能幹、不畏強暴、剛直不阿，但在一七一八年，他包庇自己的一位下屬、雅羅斯拉夫省的一位監察官。落到彼得手裡，那就沒有容情的餘地了——這傢伙本來就六親不認嘛。

涅斯捷羅夫死後第二年，彼得設了樞密院總監察署，當家的是亞古任斯基，時年只有三十九歲，風琴家的兒子，沒什麼背景，唯一的靠山是彼得自己——這意思簡單得很：用來監察腐敗狀況的，必須是直屬官員，只聽命於彼得的自己人。這位先生和彼得有段對話，至為意味深長。彼得某天異想天開，又有了個新想法：誰偷的錢夠買一條繩子的，就用這條繩子，把他活活絞死——這個刑罰聽來很是直觀，確實能讓預謀犯罪者望而卻步，但亞古任斯基道：「其實我們誰都是小偷，只不過有人偷得更多、辦法更巧妙罷了。」

事實是：哪怕是彼得一世如此推山劈海地大搞改革，也無法根絕腐敗。他鞭打絞殺了無數貴族，給自己換上了一批直系官僚，但也無法完全阻止他們腐敗。只是比起彼得一世對腐敗下狠手之前，效率更高一些罷了。

如果彼得使的手段文明一些、高雅一些，俄羅斯會變得更開明嗎？未必。因為他接手的那個國家是如此腐敗不堪。臣民保守，官吏腐敗，大片地域未經開化，結果他硬生生用同樣野蠻的辦法，讓俄羅斯帝國從北國的冰雪和泥淖裡誕生，用一批殘忍但高效的官吏，代替了先前腐化的貴族，於是俄羅斯這頭白熊開始向西方蠢蠢欲動了。

從馬略到彼得一世，我們能看見什麼呢？歐洲的腐敗與反腐敗歷程，我們能看到什麼呢？

——沒有一次反腐敗來得容易。因為反腐敗的根源，是反權力。說穿了，反腐就是權力與權力的對決。

——馬略面對的是羅馬元老院的腐敗；彼得對貴族的腐敗揮動皮鞭和絞索。但歸根結底，一切腐敗，都來源於權力分配的不均。

——反腐大多容易誤傷，以及帶來連帶後果。但倘若沒有這樣的非常手段，這樣某種程度上的極權，你便無法改變這種狀況——尤其是俄羅斯，若非彼得這樣以暴制暴的半流氓手段，怎麼能對付積壓數百年如淤泥般的腐敗？

——從結果來看，反腐成功的國家，效率會提高，但君權會更集中。

所以到最後，還是那句話：

權力的平衡和互相制約，也許才是相對靠譜的方式。

你殺了那麼多人，晚上睡得著嗎？

「你晚上能睡得著嗎？」拿破崙如此問夏爾・亨利・桑松。

夏爾・亨利・桑松家在巴黎，少年時被送去盧昂上學，但在十四歲那年，在盧昂讀書的他，被迫退學了。只因為他的父親到學校來看他，卻被另一個學生家長認了出來。據說那個學生家長面色慘變，找到校方，聲稱如果桑松繼續待在這學校，自家孩子就必須走。

「他的爸爸是桑松！劊子手桑松！」

不只是他爸爸。桑松一家從十七世紀開始，便在巴黎當劊子手，累傳六世，祖祖輩輩殺人如麻。每一代家長自然都想過讓孩子轉行，每一代的孩子——包括夏爾・亨利・桑松自己——都厭惡過這行。

但最後，命運使然，他們總會回到這行來。

夏爾自己一開始是學醫藥的，但到成年時，養家糊口的壓力，讓他踏上了行刑臺。一七五七年，十八歲的他幫著同樣做這行的叔叔，處決了企圖謀殺國王路易十五的刺客達密安。幹完這趟之後，叔叔退休，據說他讚美自己的姪子：「乾脆俐落，沒讓那傢伙吃苦頭，天生是幹這個的料！」

夏爾．亨利．桑松入了這一行，開始發揮自己的天賦。他依然不愛殺人，但處決犯人於他也有個好處：他有權處置部分屍體。而他以前是學醫藥的，於是他行刑之餘的業餘愛好之一，是解剖那些他可以處置的屍體，這反過來也有利於他的手藝，使他殺起人來精益求精。

除此之外，他還是個辛勤的園丁，花園被他布置得繽紛多彩，他酷愛調弄草藥；他熱愛小提琴和大提琴，他的至交好友托皮亞斯．施密特，一個德國樂器匠，會時不時給他提供新的樂器。

年將四十歲時，桑松成為巴黎頭號劊子手，穿上了象徵榮耀的血色斗篷。他為路易十六國王處置了無數犯人，而且面不改色。許多人相信，學過醫藥的經驗對他有利。對其他劊子手而言，殺人畢竟是殺人，但他業餘也行醫，對他而言，處決犯人和解剖屍體，相去無幾。

五十歲那年，命運為桑松帶來了生涯的偉大轉折。一七八九年法國大革命後，王室被推翻，人民需要鮮血來確認自由的安全。之前為路易十六國王殺各色不法分子的桑松，至此必須轉過身來，處決王室成員了——以及路易十六自己。

在處決路易十六時，傳奇劊子手的感情前所未有的複雜。他為王室殺人，但從不支持王室，但是，一七九三年一月二十一日，當他走到路易十六身後時，大概終於意識到自己站在一個空前絕後的位置上。

所以在傳說中，桑松忍不住對他要殺的人說了句：「您知道我將終結八百年的歷史嗎？」

而傳說裡的路易十六，也留下了一句符合國王尊嚴的遺言：「閉嘴！執行你的工作！」

桑松處決了國王，將王后瑪麗・安托瓦內特留給了他的兒子小亨利。就像三十六年前，他叔叔讓他當助手似的。

此前一年，桑松號召過：「我們需要斷頭臺。」他做為業內精英，認真陳述了理由：大革命之後，殺人任務太重，老式的斬首，太累人了；養護斧子和刀具，也很麻煩，犯人一掙扎就容易出意外。

相比而言，斷頭臺簡潔、高效又準確，還能讓犯人少受痛苦。他推薦了一個製作斷頭臺的大師：他的好朋友托皮亞斯・施密特。當年的樂器匠人，現在開始製作殺人工具。

順便說說斷頭臺。

現代意義上的斷頭臺 Guillotine，是法國人發明的，而且這名字，是以宣導斷頭臺處刑的法國議員約瑟夫-伊尼亞斯．吉約丹（Joseph-Ignace Guillotin）命名的。

我們說斬首可怕，但在古代歐洲，斬首是貴族才能享有的特權。因為夠快，一刀了事，痛苦不多，給個痛快的。

如果要噁心你，折磨你，那就絞刑了。可以勒一下鬆一下，折騰你很久。看過《英雄本色》的諸位，一定有印象：梅爾．吉勃遜扮的華勒斯，就是先被絞了，再要被開膛剖肚地折磨。但他在痛苦之餘，依然大吼一聲：「自由！」於是執刑官震撼了，心軟了，對劊子手使個眼色：殺吧。給他個痛快。

在中世紀，平民百姓土匪鼠輩和叛國者，多是絞刑；貴族才享受斬首，一刀的事。日本人講武士道精神，要充硬漢子，武士死時都盡量剖腹。但剖腹死太慢太痛苦了，所以都委託信賴的人在自己剖完肚子後給自己斬個首，來個痛快的，是為「介錯」。

且說法國人一七八九年大革命，攻占巴士底，開始要平等了。當時有人攻進巴士底後，就把獄卒絞死了。法國議員同時也是醫生的約瑟夫-伊尼亞斯．吉約丹先生宣導說：不要搞得太殘酷，不要用錘刑、樁刑那類變態玩意兒。死刑應由一個簡單高效的裝置來執行。斬首不該再是貴族的特權，死刑應該盡可能地不痛苦。

於是安托萬．路易先生發明了新式斷頭臺。一七九二年四月二十五日，新式斷頭臺開始啟用。

於是我們熟悉的，「法國大革命，遍地斷頭臺」時代到來。桑松親手幹掉了路易十六，然後用斷頭臺解決了丹敦、羅伯斯比爾這些非凡的名字。一般認為，一七八九年七月十四日到一七九六年十月二十一日之間，他前後砍下了兩千九百一十八個人頭。一七九五年他五十六歲那年，兒子小亨利繼承了他的行當，他又給兒子當了一年多助理，確認兒子可以盡職盡責、殺人不眨眼之後，才正式退休。他在十一年後逝世，他的兒子小亨利接替他的職位。

「你晚上能睡得著嗎？」拿破崙如此問夏爾・亨利・桑松。

當時已經退休的老桑松，看著皇帝拿破崙。

他砍下過的人頭數以千計，他親手終結過八百年的王朝，他砍下的頭顱堆在一起，就是一本歷史書。在法國大革命期間，他本身成了一個傳奇、一個工具。所有人都畏懼他，背地裡詛咒他。

據說他如此回答拿破崙：「如果皇帝、國王和獨裁者們晚上都能睡踏實，一個劊子手，又怎麼會睡不著呢？」

歐美作品裡，怎麼都愛聯軍對抗異族呢？

愛看西洋電影的諸位，一定會發現，沾點兒歷史背景的歐美傳奇，哪怕是奇幻背景，都必然有這麼個戲碼：聯軍對抗外來異族。

《權力的遊戲》，維斯特洛大陸自相殘殺許久後，各方勢力最後捐棄前嫌，攜手並肩，去對付長城外的異鬼大軍了。主角團的使命，那就是斡旋、溝通、協調，一起去打壞人。

《魔戒》系列裡，亞拉岡所做的，也就是這個：協調各方勢力，對抗半獸人軍團和魔多大軍。

《300壯士：斯巴達的逆襲》裡，斯巴達王列奧尼達所做的，也就是這個：帶著勇士們，對抗東方來的波斯大軍。

歐美戰爭題材影視劇，多有這個傾向：敵人滾滾而來，大軍壓境；正派勢單力孤，於是奔走會盟，最後，當然是得道多助失道寡助，團結的一方擊敗對手。在攜手並肩的過程中，大家的齟齬也消了，甚至還能跨種族合作呢——比如，《變形金剛》系列，汽車人還拉著人類，一起鬥狂派。

這點「大家聯手打魔王」的心思，如果追根溯源，跟歐洲歷史有關。

且說《300壯士．斯巴達的逆襲》，講述的是希臘與波斯的戰爭。在當時的希臘人眼裡，自己是文明的西方城邦，波斯人則是龐大的東方帝國；自己是協同作戰的自由人，對手則是亞洲來的蠻族。

希臘羅馬人還習慣吹噓東方來的戰鬥力如何龐大，西元前四八四年波斯遠征希臘時，希臘歷史之父希羅多德說，對方來的有兩百六十四萬一千六百一十人——兩百多萬的波斯軍人，稍有軍事知識的人都知道不可能，但這就是當日希臘人的觀感了。

——大帝國席捲而來，我們只有攜手並肩，才能解決！

——雅典與斯巴達，包括希臘聯軍，必須攜手作戰！

希臘內部的聯盟，微妙到何種程度呢？

著名的薩拉米斯海戰前，希臘這邊的斯巴達人本準備放棄決戰，於是雅典的當家地米斯托克利就威脅聯軍盟主、斯巴達的另一位當家（斯巴達一般同時有兩位當家，其中一位是列奧尼達）：你不決戰，我們雅典人就撤走，不管希臘了，大不了我們跑去義大利！

——您看，都用撂挑子來逼盟友出戰了。

為了逼迫希臘諸將下決心，傳說地米斯托克利甚至寫信給敵人波斯王薛西斯一世

（Xerxes），說希臘人會逃走。薛西斯包圍了希臘艦隊後，地米斯托克利才告知全軍，「我們被包圍了，只有決戰」。於是希臘諸將才真正被擰成一股繩，去咬牙切齒地跟波斯人決戰了。

——您看，都得靠賣自己情報來逼盟友和好了。

這大概是歐洲歷史上，第一次所謂，西方文明抵抗東方大帝國入侵的故事——然而這只是個開始。

西元四五一年，號稱「上帝之鞭」、禍害歐洲、殺人如麻的匈奴王阿提拉，不知道兩年之後，他老人家就要死在洞房花燭夜（洞房夜忽然流鼻血而死），只顧引著大軍，滿歐洲地去開拓牧場。

他老人家分軍三路，通過比利時高盧，一路燒殺搶掠，蘭斯特、梅斯、康布雷這些城市，所過皆墟，然後終於圍攻了奧爾良。當時歐洲人對這個東方草原來的遊牧蠻族心存恐懼。阿提拉圍攻奧爾良時，西歐只有這麼一座大城市還保留所謂西方文明了。結果在六月十四日上午，一個奧爾良士兵在瞭望塔上，望見了西羅馬軍團的埃提烏斯和西哥特的狄奧多里克一世（Theodoric I），看到了西羅馬軍團的飛鷹旗與西哥特人的繡旗——援軍來了。

聽上去，是不是有點兒像《魔戒》第三部裡，亞拉岡和洛汗國馳援剛鐸，擊退半獸人軍團呢？

哦對了，另一件事：

歷史上，西羅馬帝國皇帝瓦倫丁尼安三世，有位姐姐叫奧諾莉亞（Justa Grata Honoria）。這位王姐公主因為跟一個侍衛長私通，與家裡鬧不和，就派人給阿提拉送了個戒指，要阿提拉娶她為妻。這事兒後來曲折地引發了匈奴與羅馬的仇恨，終於到了後來引發如上所述的沙隆戰役。

看過《權力的遊戲》的諸位：如果把這裡的奧諾莉亞換成龍母，阿提拉換成卓戈，聽起來是不是很耳熟呢？

之後世情變易，歐洲人心目中的東方大敵，也就成了阿拉伯人。君士坦丁堡在一四五三年被土耳其人攻陷變成伊斯坦堡之前，一直是歐洲人心目中，抵抗異族的東方大盾——彷彿《權力的遊戲》中的長城。基督教組織的十字軍東征，說白了，也就是中世紀基督教諸侯聯軍，跑去東方打打殺殺一番。

因為「聯軍組隊刷東方帝國」已成傳統，所以一四五三年君士坦丁堡被圍攻時，熱那亞人、威尼斯人、羅馬人各色人等來幫忙的熱心鬥士並不少。而君士坦丁堡被攻破時，基督教世界陷入了巨大的悲哀之中，覺得馬上要被龐大的土耳其鄂圖曼給吞併了——就像雪諾們覺得，異鬼馬上要把人類都給幹掉了似的。

所以才有一五七一年著名的勒班陀戰役：威尼斯共和國、西班牙帝國、熱那亞共和國、教宗國、托斯卡尼大公國、薩伏依公國、烏比諾公國……這些歐洲大大小小的勢力，又組了個聯盟，一起去對抗鄂圖曼。帶頭的是西班牙王弟奧地利的唐胡安（Don Juan de Austria）。

因為是聯盟，所以當然又有是非。就在開戰前幾天，威尼斯艦隊司令賽巴斯提阿諾．維涅爾（Sebastiano Venier）的船上，西班牙人和威尼斯人吵起來，引發鬥毆，死了人；維涅爾處死了幾個西班牙人立威，唐胡安大怒，眼看聯盟要崩潰，教皇派來的副將馬爾坎托尼奧．科羅納趕緊交涉，把事兒平了——但從此之後，唐胡安不再跟維涅爾說話，發號施令也由另一員將領轉達。聽著跟小孩鬥氣似的。

好在這一戰最後贏了，是所謂基督教世界聯軍對土耳其的第一次大勝。於是不免又產生各色油畫傳奇，慶祝基督教世界同仇敵愾，對抗了東方大帝國。

又一百年後，著名的維也納之戰，是所謂神聖聯盟對抗鄂圖曼帝國。神聖聯盟包括波蘭立陶宛聯邦、奧地利、薩克森、巴伐利亞、法蘭克尼亞、施瓦本、哥薩克……這一戰擊退鄂圖曼後，是所謂鄂圖曼帝國由盛轉衰之戰。從此鄂圖曼無力再向歐洲擴張。當然了，又是基督徒們的勝利，東方大帝國的失敗。

這一戰還有個趣事：當時有位亞美尼亞人，叫做約翰內斯．迪奧達托（Johannes Diodato），他精通歐洲語言和土耳其語，於是在一六八三年鄂圖曼大軍襲來時，他老實不客氣，在維也納開起了自己的咖啡館。他給奧地利軍隊擔當翻譯，同時膽大包天地在戰爭期間從事咖啡貿易。兩年後，鄂圖曼大軍敗北，維也納宮廷給了迪奧達托一個帝國內的獨家專營咖啡權。這是個大便宜，但想想看，人家可是腦袋掛在褲腰帶上，豁出性命在賣咖啡呢！

基本上，那也是中歐世界最早的咖啡館之一了。

所以啦，歷史上，歐洲人總是這麼擔驚受怕的。

西元前，希臘人一直沒統一，小城邦對抗東方；中世紀，他們自己一直分著，很少形成統一大國，所以總覺得，來個東方大勢力自己就有麻煩。在歐洲人的歷史上，波斯、匈奴、塞爾柱土耳其人以及一度打到波蘭的蒙古人……雖然形象各異，但基本上，西歐世界虛構或非虛構作品裡，描繪的異族都差不多：

帶有遊牧民族氣息；形象可怖（異鬼、半獸人、波斯大軍）、鋪天蓋地、服從於某個魔王、野蠻、殘忍、恐怖……

我們可以說，這是歐美文明裡，長久的歷史恐懼。投射到電影與電視劇裡，便是如此。西歐世界大多被描述得小邦自立，各行其是，但無法獨自對抗東方大帝國；當東方帝國侵來時，大家就要聯合起來打異鬼、打半獸人、打波斯人、打匈奴……

從深層次來講，這大概是，歷史上西歐基督教世界，或歐美自詡的文明世界，真的被東方來的帝國給折磨怕了吧？

也因此，歐美劇裡喜歡描述的英雄，往往不是最能打的那位，而是能夠捐棄前嫌、統合眾心、協調各方利益的人物——當年西班牙的王弟唐胡安領基督教艦隊，向鄂圖曼艦隊前進，打算掀起勒班陀戰役時，一邊跟威尼斯那邊的老大賽巴斯提阿諾．維涅爾爭吵，一度兩人拒絕面對面談話，需要靠中間人傳話來指揮戰爭（跟小孩鬥氣似的），一邊也得私下裡安撫鼓勵諸將：再怎麼吵，我們都是基督教聯軍，所以，「我們才是一邊的！」

輯四

時用則知物

曾經有個年代，達官貴人不敢納妾

《世說新語》裡，有個讓原配夫人揚眉吐氣的段子。說大權臣桓溫，娶了李勢的女兒為妾。桓太太霸道慣了，拿了刀子，要去殺狐狸精。真見了李夫人，感嘆其風度溫婉，拋刀抱住：「阿子，我見猶憐，何況老奴！」

——我看了妳都喜歡，何況那老混蛋！

倒是個好喜劇。原配也逞了威風，妾侍也抖擻了美貌。只可惜，歷代類此的故事，並不多。

而桓太太可以這麼威風，也不是因為桓溫多敬愛老婆，而在於桓太太她，乃是南康公主。公主的威風，那自然要大一些。

眾所周知，古代許多男性飽暖思淫欲，喜歡將DNA四處傳播。體現在婚姻關係上，就是對婚姻不忠誠。但偶爾也有些情況，能收拾住男性。

《北齊書》裡有個好玩的細節，說北齊百官，大多一夫一妻，不納妾。是大家思想覺悟高嗎？未必。原因是：「將相多尚公主，王侯喜娶後族，無妾無媵，已成風習。」

官員們大多娶了公主，公主醋勁兒大，老公就沒法納妾啦！當然，那會兒北齊習俗確實也傾向女性。南北朝時，北方貴族許多不是漢人，父母嫁女兒都不失剽悍，教導女兒要善妒，懂得跟丈夫爭風吃醋，不讓鬚眉。

但根子上，我們都懂：

讓男性不敢納妾的，不是老婆多麼善妒，而是公主的身分。

公主的身分有多厲害呢？三國時，夏侯淵姪子夏侯尚，論親貴，是夏侯氏之子，又與曹丕少年好友；論地位，荊州牧，相當於現在湖北省委書記。曹丕甚至給了他「作威作福、殺人活人」的權力，鬧得蔣濟都勸曹丕：這樣的恩寵，太過啦。

可是夏侯尚的夫人，是魏國宗室德陽鄉主，曹丕的遠房妹妹。夏侯尚別有寵幸的愛妾，冷落夫人。德陽鄉主去找曹丕哭，曹丕派人去把夏侯尚的愛妾殺了——簡直豈有此理。夏侯尚卻是個情深之人，葬了愛妾後，神思恍惚，又去上墳、挖墓、抱屍痛哭，悲劇的始作俑者曹丕聽了，雖然難過，卻追憶起杜襲的話，說了「杜襲看不起夏侯尚，是有道理的！」一年後，夏侯尚過世。曹丕也難過，也流淚，卻似乎沒意識到，他的任性，才是悲劇的主因。

所以了，娶了公主，你還敢隨便納妾嗎？自然不敢了。

說穿了，是權力嚇唬住了男性，讓他們不敢動彈。

能保證男性忠誠的，還有一個法子。

母系氏族社會，眾所周知，女性為尊。據說在那個時代，某些當家的女性豈止不讓男人納妾，自己還能跟武則天似的，收羅男性後宮哩！一般說法認為，母性氏族成因，除了生殖崇拜，還有一個因素：男性漁獵，效率頗低；女性採集，資源豐滿。男性漁獵不著、又逢冬季時，有求於女性囤積的資源，女性自然可以得其所哉。

所以是這個道理，要讓男性尊重配偶，歷史上看來，除了真愛，也無非這兩個法子：權力的壓迫和經濟的壓力。

權力壓迫危及生命，經濟壓力危及溫飽。唯這兩點，能讓桓溫們膽顫心驚。畢竟飽暖思淫欲，不飽不暖了，還想什麼淫欲呢？

如上所述，歷史證明，男女要真正平等，尤其是男性忠於女性配偶，單靠規勸或感化，效率不高。

要讓男性承認女性的平等地位，權力和經濟是最有用的。權力如今是不能多說的了，畢竟無法憑空給女性們公主般生殺予奪的權力，「你敢找小三信不信本宮立刻將你推出午門斬首」。

那麼只好從經濟平等上想法子。

本文如果有什麼主旨，也無非說這麼點兒事實：如何達成男女平等呢？許多女孩子，相信了長一輩阿姨大嬸的話，覺得用各色手段，讓男性將自己寵著捧著，或是讓自己如化妝品廣告裡那樣美，才能夠安全，其實大大未必。

歷史的教訓證明，保持男性忠誠的，除了愛情的感化，還有權力與經濟。所以除了經營愛情之外，保證兩性經濟地位的平等，才是關鍵。女性要爭取在男女關係中的地位，也得從經濟平等上開始爭取。

在購買力約等於權力的時代，一個自信自立，擁有了經濟獨立的女孩子，才能讓桓溫們敬服老實——而非靠別的那些小手段。同理，一個社會要營造真正的男女平等，除了鼓吹雙方彼此關愛忍讓這種精神因素外，還得從保證男女經濟平等上來著手——而不能指望所謂女德女則女誡女訓之類的手段。

就像北齊那些父母教女兒所謂婚後善妒之類的套路，其實得有個前提：妳不是掌權的公主，沒有權力或經濟作保證，那撒嬌賣俏耍手段，也沒啥鳥用。只有保證女性的經濟獨立和權力平等，才有真正的獨立人格和性別平等。別的玩意兒，都是大忽悠、開倒車。

古代的男風

好男風這事，在中國古已有之。但是古代人對這種事，缺乏尊重，很少有對等關係的同性戀伴侶被記載。所以故事的伴侶，通常是某位貴人，配一位男寵或孌童。

紀曉嵐《閱微草堂筆記》裡頭說「雜說變童始黃帝」，認為上古就有孌童之好了。春秋時衛靈公有男寵彌子瑕，恩愛非常，彌子瑕吃了個桃覺得好，留一半給衛靈公，都讓人感動，這叫做分桃；後來漢哀帝為了不打擾他家男寵董賢睡覺，劃拉掉半截袖子，叫做斷袖——這兩個例子合稱分桃斷袖，算個成語了。其他如魏王家那位龍陽君、清初偷窺巡按屁股被處死的胡天保——也就是兔兒爺，湊在一起，就算是男風代言人了。

《史記．佞幸列傳第六十五》，很直白地討論過若干位男寵。司馬遷開篇就說：「諺曰『力田不如逢年，善仕不如遇合』，固無虛言。非獨女以色媚，而士宦亦有之。」

——非只女子靠美色來媚好上頭，仕宦也有啊。然後就一一點名了：

漢文帝家的鄧通，因為受寵而致富。一千多年後，陽谷縣的王婆跟西門慶念叨「潘驢鄧小閒」，鄧就是鄧通了。因為跟漢文帝相好，獲得鑄錢權，錢多得花不完。可憐他太得寵，得罪了漢景帝，臨了被責令隨身不許帶錢，最多能接受長公主給的衣食。文景之治從來被稱為清正，唯獨在這男寵的事上，父子都糊塗了一下子。

漢武帝家的韓嫣與李延年。韓嫣是「常與上臥起」，算是為漢武帝暖床了；李延年是跟司馬遷類似地挨了一刀，但腦筋活絡，仗著有漂亮妹妹，也是「與上臥起，甚貴幸」，漢武帝睡覺真是忙得很。

也不是每個喜好男風的，都養得起孌童，於是有男娼。南北朝時的建康，六朝金粉，宋齊梁陳南朝風雲時，有些文人就愛把美少年比作菖蒲花。

但這事兒在中國古代，並不太能光明正大。李世民的太子李承乾跟爸爸鬧翻的緣由之一，就是因為爸爸殺了他的男寵。《舊唐書》說：「有太常樂人年十餘歲，美姿容，善歌舞，承乾特加寵幸，號曰稱心。太宗知而大怒，收稱心殺之，坐稱心死者又數人。」

故此傳統觀念裡，孌童依然是不合法的伴侶，是皇室醜事。私下裡有，可以，但到底是不合法理的。

兩宋時節，汴梁和臨安也有男妓。值得一提的是，這時候的男妓，起的多半類似於女人的名字，鶯鶯燕燕。也有男子自我定位準確，直接賣身，所謂「至於男子舉體自貨，進退怡然」。這事兒一度是半合法的，後來政和年間，宋徽宗只許自己去嫖李師師，不許大家去找男娼，規定「男為娼，杖一百，告者賞錢五十貫」，五十貫錢，《水滸傳》裡，這筆錢都能在黃泥岡買十擔酒喝啦。

還是《水滸傳》裡，有這麼個細節。石秀殺了裴如海，把他屍首衣服剝了，與一個道人的屍首，一起赤身裸體地擱在後巷。辦案的就稟告知府說：「眼見得這和尚裸形赤體，必是和那頭陀幹甚不公不法的事，互相殺死。」

話說得很隱約，意思卻也到位了。強調和尚和頭陀沒穿衣服，「幹不公不法的事」。說明那時候民間覺得，兩個男人赤身裸體，就必然是做「不公不法的事」，但不願意細說。

明朝之後，孌童的流行變得更公開了。仕宦或富貴人家，許多養童子，做什麼用呢？李漁極口誇自己家的兩位童子很美貌，就是他的男寵。《金瓶梅》裡，西門慶就有個書童，在書房裡和他亂來。那書童「口噙香茶桂花餅，身上薰的噴鼻香」，很脂粉氣。

《紅樓夢》裡更是猖狂：賈寶玉跟秦鐘小小年紀就情投意合，賈寶玉們鬧學一折裡，小孩子都有這麼露骨的話：

金榮只一口咬定說：「方才明明的撞見他兩個在後院子裡親嘴摸屁股，一對一肏，撅草棍兒抽長短，誰長誰先幹。」

這裡有個很明顯的傾向，中國古代好男風的那些位，大多也兼好女色。而且他們好的男寵，其實也很女性化。

因為中國古代，其實並沒有如今日那麼嚴格的「同性戀」這一想法，包括審美上亦是。對大多數人而言，好男風找孌童，更多是種獵奇的性癖好。孌童們很淒涼。他們許多時候並不是對等的同性戀伴侶，而是妓女的男性版，是玩物。所以在明面上從未被提倡，在私下裡從未被禁絕。只要不影響不孝有三無後為大，那麼老爺養個孌童，跟納個妾也沒什麼區別。

學者沈德福認為，一四二九年宣德皇帝規定的禁娼令，引發了巨大後果。官員不能找妓女，於是轉而禍害男娼了，孌童之風於是大盛。當時對美童子的喜愛，流傳很廣。甚至太平天國起義期間，因為對男女大防很謹嚴，所以諸王身邊，都有好看的童子。比如，僧格林沁捉住太平軍北伐大將李開芳後，情景如是：「（僧王）單令開芳進見。開芳戴黃綢繡花帽，穿月白袖短褂，紅褲紅鞋，約三十二三歲。伺候兩童約十六七歲，穿大紅繡花衣褲，紅鞋，美如女子；左右揮扇，隨開芳直入帳中。」

這兩位「美如女子」的童子是做什麼的呢？不能細想。

題外話，日本也一度盛行此風。比如十六世紀中前期，大諸侯關東之虎武田信玄，在男女問題上一貫亂七八糟，近侍裡就有春日大隅之子春日源介，也就是後來的名將高坂昌信。這二位的感情，有信玄的一封道歉書為證。天文十五年（即西元一五四六年）七月五日，信玄手書，大概意思：我以前勾引彌七郎，他總是推三阻四，我以前沒叫彌七郎陪睡過，今晚不知怎麼他就睡在這裡了；我如果再想其他各種方法討好你，你反而懷疑，所以我就不多說啦。這事我如果說謊，就讓一二三大明神、山神、大菩薩們都來懲罰我吧！——這份保證書，賭咒發誓，著實誠懇得讓人可憐呢。

按《寧固齋談叢》，另一個傳說是這樣的：

出雲國的松江城主堀尾忠晴十六七歲時俊美無比，大他六歲的加賀百萬石大名前田利常對他傾心不已，於是安排了一場五人夜宴，三位陪臣中間很識趣地遁走，前田利常就笨嘴拙舌地跟堀尾忠晴聊起了月亮，堀尾忠晴一臉不愛聽的樣子，揚長而去，前田利常只覺得天旋地轉，坐臥難安，大有今日男孩子「我說了不該說的話，搞砸了」之慨嘆。

之後不久，忠晴傳了信來，說要擇日拜訪利常，表達被宴請的謝意。利常於是大興土木，專門造了迎賓室屋，眼巴巴望眼欲穿地等人家來。到了當日，來的不是忠晴，而是使者：「家主重病，無法踐約。」利常大失所望，氣急敗壞，黯然神傷，踢狗罵雞，拿家裡人撒氣。黃昏時分，聽說使者又來了，「必須面見大人」。

利常翻身起床，不衫不履，光著腳直衝玄關，一路罵家臣「不許攔著我」，待衝到門前，嚷：「使者何在？」那使者一抬斗笠，原來就是忠晴本人：

「在這兒！」

好吧，到此為止，算是個很甜蜜的故事，不是嗎？

乾隆年間，一度把男風這事兒當作有傷風化論罪，算是第一次把模模糊糊的男風問題給明確化了，但上有政策下有對策，鄭板橋就因為某男屁股好看，不捨得治罪打他的屁股；袁枚《子不語》裡公開聊男風的故事；士紳官員們還是照舊。清末民初捧角兒，軍閥包占一些旦角兒的事情，大家也是睜一隻眼閉一隻眼，《霸王別姬》裡程蝶衣被袁四爺占了便宜的事兒，那時並不鮮見。在老百姓眼裡，這事兒就是傷風敗俗有傷風化的，在老北京，「兔兒爺」就是被人看不起；而在達官貴人那裡，這就是玩兒，與嫖妓並無區別。

當然，時代昌明科學進步，到現在，同性戀的概念逐漸被世界明白，瞭解、寬容與支持的聲音也響亮起來，但這其實，還是有別於中國古代的男風。因為如上所述，中國古代諸位男風愛好者，也許並沒有清晰的同性戀概念。他們大多數只是把男性伴侶，那些童子、男寵或男妓，當作妓女的變體而已。

中國古典小說，是同性戀而又顯得較純粹的，大概只有《儒林外史》裡的杜慎卿。當日他和季葦蕭聊天，季如是說：「這人生得飄逸風流，確又是個男美，不是像個婦人。我最惱人稱讚美男子，動不動說像個女人，這最可笑。如果要像女人，不如去看女人了。天下原另有一種男美，只是人不知道。」杜慎卿對這話引為知己。

雖然季當時有開玩笑的口吻，卻是中國古代少見的，並不把同性對象當作女人談論。多多少少，這算是對另一種性向的真誠尊重了。

容貌與身高

人要以貌取人，總能找到藉口。

本來，「相由心生」這詞，出自佛經。何謂相？諸法體狀，是謂相也。就是說，一切有為法，都算相，這算常識。然而硬生生地，被以貌取人的諸位，扭成了相貌的意思。彷彿一個人心靈醜陋，會見於相貌；反過來，相貌猥瑣，也可見證心靈。可惜了佛家妙語，被憑空拉大旗作虎皮了。

又，「以貌取人」這詞，是孔聖人說的。「以貌取人，失之子羽」，聖人以此自悔。所以啦，以貌取人的行為，佛家和儒家，聰慧的釋迦牟尼和博學的孔老夫子，都不贊成。

歷史上以貌取人，最有名的一篇文章，是傳為蘇洵所作的《辨姦論》。他老人家當時要抨擊王安石，認為王安石不修邊幅，不近人情。所謂「囚首喪面，而談詩書」，不對勁，定是個偽君子。這就是從儀表衣著來做文章了，聽著也有道理。容貌也許不能說明一切，但衣著做派端端正正，總看得出教養了吧？

問題是，比如魏晉風度那時候，嵇康阮籍那一流，都是不修邊幅之輩，恐怕也不能說他們沒學問。米開朗基羅中年之後自己嫌自己醜陋，貝多芬一向自覺不好看，似乎也不足以說明問題吧？

馬龍·白蘭度，早年他老人家帥氣性感，好萊塢史上屈指可數的神級容顏；中年頹唐，面頰鬆垂，實在不能算好看了，但《教父》裡面的氣度影史留名。這裡的矛盾是：年輕時好看過的人，許多便不會太在意自己之後好看不好看了——想想李奧納多·狄卡皮歐好了。

而且：「帥哥都是好人，壞人大多面目猙獰」——其實也不算靠譜。

東條英機先生年輕時，生得算是容貌瀟灑；猶太人的劊子手阿道夫·艾希曼長得也不算差。舉凡著名的殺人魔王，看看照片，沒幾個青面獠牙、邪惡寫在臉上的。

一個人作為個體，再怎麼邪惡，如果不握有權力或地位，能做的惡，也著實有限。比如現代的連環殺人魔，能殺掉十幾個人而逍遙法外，就算他善於隱藏了。

歷史上，翻手之間毒害天下的傢伙，所用的武器，一般不是親自動手，而是權勢。所以真正能做出大奸大惡之行的人，必然身居高位。希特勒作惡的效率，比一個普通連環殺手要高多了。

而得以身居高位的人，若非投胎投得好，便是自有其長處——提拔他們的人，又不是瞎子。

大家的概念裡，許多奸佞之人，都是靠巧言令色上位的。其實，何嘗不是因為他們容貌中看，談吐得宜，才能得寵？尤其是上古之世，尤其以貌取人，長得不好看，連奸臣都當不了。

明末殺人大王張獻忠，少時要被斬首，陳洪範看他容貌出群，留他一條命。後來做了什麼，就不多提了。

中國史上首席貪汙犯和珅，在歷史上，也是好相貌——反過來，如果他真像王剛老師演的，動不動一臉奸笑……乾隆也未必多喜歡他。

大奸大惡，也得是出人頭地的傢伙，等閒之輩做不了大惡人。而要出人頭地，必有過人之處。概率上而言，相當多數的大惡人，容貌是至少有可觀處的，不少還是大帥哥。所以惡人有照片傳世，很容易哄得許多人嘖嘖感嘆：「哎呀雖然是壞蛋，居然長這麼帥。」這裡就有個細節作祟：對許多惡人而言，長得帥，也是他們得以掌權、得以作惡的工具。

所以啦，自古惡人裡，長得好看的應該遠比長得難看的要多。至於將容貌美醜強行歸為「相由心生」，以此來定高下的，無他，人要以貌取人，總能找到藉口。

實際上，古代決定你命運的，不只是容貌，還有身高。

在戶口名簿還比較不明確的時候，身高決定你的年紀，甚至，決定你的判罪。

《睡虎地秦墓竹簡》裡有一條，大概是這個意思：

比方說，張佳瑋偷了牛，當時六尺高，算未成年；關了一年，長到六尺七寸[27]了，就派去戍邊。

大概在秦朝，十五歲六尺高，二十歲七尺高，是有一定標準的。

在冷兵器時代，如果你上陣打仗，那身高就決定你的體格，也決定你的戰鬥力。當然有極少數例外，但我們知道，大多數的武大郎，那是打不過蔣門神的。

比方說吧，在宋朝，身高就關係到你能不能在武事上出人頭地。宋仁宗朝，五尺八寸[28]以上方能入選禁軍。而看《水滸傳》的都知道，宋朝禁軍的待遇，遠在廂軍之上。

接近熱兵器時代了，身高也能決定你的前途。十八世紀，普魯士的腓特烈一世，有個詭異至極的愛好：巨人擲彈兵團。

他專門搜集高個子來湊成這個兵團。後期走火入魔，開始派人在全歐洲各地搜羅巨人，以及高個子女人，好與巨人交配後生出高個子，來完善他的巨人擲彈兵團。傳說有個被他捉來的挪威人，身高二百六十八公分。

於是當時，連義大利鄉村馬戲團，都得把自己表演用的巨人用鐵鍊拴住，以免被哪個普魯士探子過來，三下兩下，把巨人哄走了。

所以說，到現代，你的身高一般只決定你是否適合參加某項運動、是否有異性緣，已經算很給面子了。在古代，身高歧視論、身高決定命運論，是實打實的硬性規定。在古代，矮個子就是容易倒楣。趙武靈王當年，化裝成使臣去看秦昭王，昭王一看他那樣子，就判斷出他不是使臣，而是人君——因為在古代，連公務員身高，那都有細緻的劃分呢。

真是身高高一點兒，命運大不同。

27 秦代一尺約 23.1 公分，一寸約 2.31 公分。

28 宋代一尺約 31.2 公分，一寸約 3.12 公分。

美人們的好身材

在被現代審美觀念荼毒之前，中國古人喜歡怎樣身材的美人呢？

楚王好細腰，宮中多餓死——這句詩，其實想當然了。

《墨子．兼愛中》的原文是：「昔者楚靈王好士細腰，故靈王之臣皆以一飯為節，脅息然後帶，扶牆然後起。比期年，朝有黧黑之色。」

——楚靈王喜歡自己的臣子細腰，而不是要求妃子們細腰；臣子們於是每天吃一頓飯、束緊腰帶、扶著牆站起來。結果大家臉色都不好看了。

這意思很明白，要瘦，氣色必然差勁。中國古人很重視容色皎然雪白、肌膚如冰雪。絕食不吃，顯然無法滿足這一點。

宋玉寫《神女賦》，曹植寫《洛神賦》，都是幻想女神的模樣。宋玉所謂「穠不短，纖不長」，曹植也同意：「穠纖得衷，修短合度」——長短胖瘦要得宜。在身材勻稱的基礎上，曹植多說了一句：「肩若削成，腰如約素。延頸秀項，皓質呈露。」削肩膀，細腰，長脖子。

大概曹植喜歡骨架小小、身體纖長的女孩子。

但到唐朝，仕女圖中的諸位姑娘似乎都不是這身材。說來也不奇怪，隋唐貴族都跟北朝有關，不那麼講究輕妙婉轉，審美更在意豐碩華美。

杜甫《麗人行》說：「肌理細膩骨肉勻。」——肌膚細膩，骨肉停勻。

白居易《長恨歌》也來了：「溫泉水滑洗凝脂。」——肌膚如果是凝脂了，第一光滑白嫩，第二不可能太瘦。

即，唐朝人在意肌膚質地，有點兒皮下脂肪，沒關係。

話說，中國名美人，多在宋以前。因為宋朝之後理學大盛，江山美人之類的是政治不正確。但唐以前，楊貴妃、虞姬、貂蟬、西施、王昭君、趙飛燕……傳奇頗多呢。

她們的共同特點？美女。

以及趙飛燕善做掌中舞；貂蟬是董卓宴前舞蹈過；虞姬是項羽唱歌她跟著舞；楊貴妃是出了名的「猶似霓裳羽衣舞」。

——美人似乎都擅長跳舞。

哪位會好奇了：為什麼呢？如果君王貴族是舞蹈愛好者，找個專門的舞蹈演員就好了，何必非得找會跳舞的女孩子拉上床榻呢？

——是不是因為……會跳舞的姑娘們身材好，君王貴族們喜歡呢？

中國古典舞蹈，並不全是柔靡萬端的；而且跳過舞的諸位自然知道，即便跳輕柔曼舞，也需要極好的肌肉力量。中國古典舞對腰，對腿，對柔韌性的要求，尤其刁鑽。這大概，就是中國古代審美了。不要求女子多瘦——乾枯瘦弱，那是跳不好舞的——最好是骨肉停勻，肌膚細膩，健美、瀟灑、能跳能舞，儀態與運動能力都好。

至於宋朝理學大盛，流行起病懨懨裹了腳的審美，那是後來的事了。

《紅樓夢》裡有個好玩兒的細節。雖然眾所周知，林黛玉是女主角，但喜歡她的，主要是賈寶玉，還是精神戀愛。但賈寶玉看了薛寶釵骨肉停勻——彎藕似的臂膀，也發過呆。賈璉跟多姑娘私通，說多姑娘的特技是：「有天生的奇趣，一經男子挨身，便覺遍體筋骨癱軟，使男子如臥錦上。」

著名風流才子李漁則這麼說：「那中用的美人又是另一種，也有三宜。哪三宜？宜肥不宜瘦，宜大不宜小，宜強健不宜嬌怯。」

——所以了，即便是流行嬌怯怯、風吹得倒美人的古代，懂行的人，依然是喜歡健美型女子的。

歐洲人在這方面，也明白得很。美如維納斯，那是一點兒也不瘦。後來提香、布雪、魯本斯、安格爾們筆下的姑娘，那是一個賽一個骨肉停勻有肉。說是癡肥倒未必，但夭矯健壯，那是逃不了的。

這裡有個小祕密，是這樣的。

德斯蒙德·莫利斯先生的《裸猿》裡認為，男性喜歡女性的胸部，倒並非貪圖胸部本身。胸部在男性那裡，是臀部的投射，而臀部代表性愛。自從世上有遮羞裝束之後，男人也並不能常常見到異性翹臀，於是看美胸而幻想翹臀。就是說，男人們愛胸部，是對愛臀部的投影。好萊塢也明白這一點：真正美人的身材，不是瘦，而是腰臀比例。

一味追求骨瘦如柴，腰細了，但沒臀，身材比例好不到哪裡去；一味胖，腰臀一樣粗，那身材也顯然沒得可說。

如果是賈寶玉這一路白淨公子哥兒，喜歡瘦怯怯的姑娘倒也事屬尋常。但歷史上強健如古希臘或唐朝那樣的審美，喜歡的從來是骨肉停勻的女孩子——就像布萊德·彼特這路漢子，當初也跟安潔莉娜·裘莉這類型的對眼。棋逢對手，將遇良才。李隆基六十歲那年看上了二十六歲能吃、有肉、善跳舞的楊貴妃，就是因為他已經見識過世上的一切，明白自己中意的女人，該是什麼樣的身材。

俠客們怎麼過日子

話說，俠客們怎麼過日子呢？

金庸、古龍、梁羽生小說裡的俠客不算——那是極端浪漫化過的了。陸小鳳出手就是幾千兩銀票；胡斐真窮了去佛山賭場分分鐘掙個幾萬兩；梁羽生小說裡的貴公子、大小姐就沒愁過錢。

只有古龍《歡樂英雄》裡隱約提了句：郭大路們也會窮。

《東邪西毒》裡，王家衛更直白了：「走江湖也要吃飯的，肚子很快就會餓的！」

所以，俠客們怎麼過日子？

這裡頭其實有個倖存者偏差。歷史上的俠客，許多從成為俠客的瞬間，就不太缺錢了——沒錢，那從一開始就當不了俠客啊。

話說有個詞，叫做窮文富武。最赤貧的人家，無論文武都供不起，只好當小農；稍微寬裕點兒的人家，能供孩子讀讀書；再寬裕點兒的人家，才能供孩子練武。像《水滸傳》

裡史進是個典型。莊戶人家，有佃農，收租子，馬廄那邊開個場子，置辦器械，拜幾個師父，學點兒武藝——若是窮苦人家，別說置辦器械，連基本蛋白質都無法滿足，那是沒資格練武的。

韓信當年餓肚子仗劍學俠客，還被人嘲弄說個子高其實膽子小，被逼著鑽胯，然而漂母還是稱呼他王孫，請他吃東西。仗劍的人，大家都覺得他們家世好。三國時被描述「善擊劍」的，曹丕、魯肅，那都是家裡有餘糧的人吶。

故此，俠客大多是有家底的，才有資格學武，出門當俠客。大多數要為金錢發愁的俠客，是所謂的破落戶子弟——家裡一度有過錢，然後敗落了，只剩下一身武藝。對這一路人而言，《水滸傳》其實基本是個生活指南，有無數手段可以參考：

一是靠家裡積蓄過日子，如早期史進。

二是靠打山賊黑吃黑掙個仨瓜倆棗，比如史進在瓦罐寺，還差點兒錯打劫了魯智深。

三是賣藝，比如病大蟲薛永，比如打虎將李忠。

四是當僱傭兵，比如武松就幫施恩出頭，醉打蔣門神，奪回快活林——這就是香港黑幫片所謂的搶地盤。

五是當武術老師，比如王進教史進，比如柴進莊上那位洪教頭。

六就是直接組織黑幫了。李忠和周通搶下了桃花山占山為王，魯智深和楊志搶下了二龍山占山為王，都是如此。

但最直接，也是歷史最悠久的俠客度日法則，其實是：臨時打工投靠，吃大戶。像柴進，像宋江，武藝一般，地盤不大，卻在江湖上赫赫有名，就是四個字：仗義疏財。

什麼意思？好漢來投奔，他們慨然解囊給錢，好吃好喝招待，臨走還給倆花的。看林沖與武松在柴進莊上即知。過往囚犯、流亡俠客，過去拜見柴大官人，說一下自己的名氣，柴大官人給吃給喝。吃飽喝足了呢，拱手多謝，從此欠你個人情。

——這在戰國時，就是門客。

李白《俠客行》讚美的侯生朱亥，都是當了信陵君門客；孟嘗君手下那些馮諼之類，也都是有人養。自古以來所謂養士、養門客、養死士，收羅的都是這路俠客。

人當然不能白養。孟嘗君門客裡就有雞鳴狗盜之徒，關鍵時刻可以幫忙。《史記‧刺客列傳》裡，除了曹沫與豫讓，其他如荊軻、聶政、專諸這些刺客，嚴格來說，都是俠客投靠到別人門下，充當僱傭殺手。

所以了，大多數還在路上晃蕩的俠客，基本都過得苦哈哈。說是仗義疏財，財從哪兒來？說是鋤強扶弱，哪兒那麼多強讓你鋤？須知，能被一兩個俠客端掉的，那也就是底層小地主或者三五個人的破山寨，山寨裡也沒啥錢。

大多數俠客，在成為教父，或者洗白成為公務人員（比如武松當了陽穀縣都頭）之前，都是不法分子、混社會的打手、保鏢、賣藝者之流。好一點兒就是戰國四公子或者柴進家的門客，那是受尊重的僱傭兵，類似於西歐的流亡騎士。

《史記·俠客列傳》裡，兩個俠客最有名。一是朱家，一是郭解。

朱家很像柴進，靠著家裡有背景，大肆藏匿亡命徒，比如公然跟劉邦叫板，藏起了季布。

郭解，更是後世俠客集大成，活脫脫一個俠客生涯範本：

他年少時做俠客，殺人無算，做僱傭打手、藏匿凶犯、私鑄錢、偷墳掘墓。幹了無數不法勾當。

成年後仗義疏財，結交當地官府，籠絡附近豪強，組織私人團隊。

您看，這就是最典型的俠客：

年輕時混社會，「俠以武犯禁」，搞定了最初的啟動資金與名氣；然後仗義疏財，組織黑社會，成為教父。

趕上亂世，俠客可以做得更了不起。比如秦末彭越這路俠客，組織無賴少年，成為一方軍閥，跟了劉邦，最後裂土封王；或者如漢末關羽，在河東殺了人流浪到河北，跟了劉備從了軍，成為萬人敵，天下知名。

當然了，對普通百姓而言，這種黑社會的感覺很酷，就好像現在許多青少年也覺得混社會很酷似的。

所以如李白這類大文人也要當俠客——那都是如開頭所述，家裡有錢，玩得起。

《儒林外史》裡記錄過一個好玩的故事。兩位官府公子，很是崇拜俠客，對某位俠客張鐵臂敬若神明。這俠客某次拿回來一個滲血袋子，說我殺了仇家要跑路，您二位給點兒錢？兩位公子仰慕至極，趕緊給錢。俠客走了許久，大家琢磨要把袋子藏起來，打開一看，裡面是一個大豬頭。

所以許多俠客，還兼營詐騙，騙的就是相信傳統俠客傳奇的浪漫主義青年。這個豬頭就是絕妙諷刺——宰的就是你們這些豬頭！

畫家們怎麼好意思跟雇主要錢呢？

據說一四八七年，佛羅倫斯的畫家菲利皮諾．利皮先生接了個壁畫訂單，合約上說：「作品中一切人物，須由畫家親自完成。」

——您會想：這不是廢話嗎？讓你畫，難道不是親自畫？

還真不是。歐洲藝術家，也都是生意人，還是鷺鷥腿裡劈出四兩肉的聰明人。訂單太多，為了批量完成，就時不時讓助手幫著畫。

文藝復興大師裡，師父坑學徒，甚至搶學徒的作品署自己的名，所見多有。當然也有反客為主的，據說一四八八年，義大利大師基蘭達奧就遇到過這事。有個十四歲學徒的爹上門來，理直氣壯地跟他要錢，基蘭達奧大師卻生不起氣，老實地支付了薪酬。

為啥呢？因為那學徒才華橫溢，名喚米開朗基羅。

話說回來，藝術家賺錢確實不易，於是格外精刁；雇主也不能笨了，就須與藝術家鬥智鬥勇，訂好協議，別被破了悶子，繞了彎子。還是利皮先生這份合約，那意思就是：風景之類，是可以由學徒畫的。

當然這也難怪。文藝復興義大利老幾位，都有些偏見，像米開朗基羅一輩子不愛畫風景，「風景是給那些沒天分畫人體的傢伙留著的」。

助手和學徒們的活兒不只是風景。魯本斯先生的弟子安東尼・范・戴克畫肖像，一般就腦袋與手是自己畫，其他都指揮徒弟完成。有個傳說：英王查理一世叫范・戴克去給他畫畫，「你必須親自畫全圖，不許擅自給我斷頭斷手！」范・戴克依從了。結果查理一世自己於一六四九年，被推上了斷頭臺……

當然北方畫家，待遇跟義大利大師們比慘一點兒。像荷蘭那會兒是世俗社會，畫家面對的客戶，不是義大利的教廷和銀行家，而是新貴階級、地主大眾。那算起錢來，更刁鑽了。

比如林布蘭那幅著名的《夜巡》，畫裡十八個人共付一千六百盾。當時一百盾可以買一噸奶油，按二〇一七年一噸奶油八千歐元算，林布蘭畫這麼幅東西，折合十二萬八千歐元左右。

但林布蘭畫完了，人家嫌不好，付帳推三阻四，最後到手也零零星星。

晚年林布蘭給阿姆斯特丹市政廳畫歷史場面《克勞迪烏斯・西威利斯率領巴達維亞人

謀反》，說好一千盾，剛畫完，就被要求退還四分之一的金額：因為市府嫌難看。後來市府找了個德國畫家另外補了幅，就把林布蘭那幅畫退還了，錢當然是照單全部索要回去的——你敢不還？市府也是你欺騙得了的？

真不易！

大家會說了，這是歐洲做派。中國古代畫家，那都是風流倜儻，遊戲人間，純出天然，千金不易嘛！

——嗯，至少董其昌們是這麼描述的：董老先生覺得畫家，那就該是「翰墨餘閒，縱情繪事」。

相比起歐洲藝術家們一本正經地訂合同交稿子，中國藝術家們瀟灑多啦！有情趣，不提錢，俗！

真如此？也未必。

首先，畫家也有尊嚴。閻立本，畫過《古帝王圖》，當過唐朝群相之一，名垂天下，聲聞後世。但他遇到過一回事：唐太宗與一群學士在春苑划船玩兒，看見好看的鳥兒，就讓學士們歌詠，召閻立本來畫畫。外頭就嚷了：「畫師閻立本！」——閻立本一頭大汗地跑來，趴在池邊，調色作畫，抬頭看看座上賓客，難過極了。

回去後，閻立本對兒子說：

「我少年時候，愛讀書，也還好；只是被人知道會畫畫後，就被呼來喝去當僕役，丟人丟大了。你記著：千萬別學畫畫！」

畫家都要臉面啊。

再來就是，錢。風雅人也得吃飯，但如果提錢，就不風雅了，格就低了。

於是發展出了別的求財之道——只是稍微轉幾個彎。

八大山人朱耷，出了名的不羈。都說他老人家去跟販夫走卒玩兒，樂意隨手畫幾筆；達官貴人來求畫，反而不允，瀟灑得一塌糊塗。

然而十七世紀末，南京的黃研旅卻託一個中間人給朱耷帶了十二張紙，以及一筆所謂「傾囊中金為潤」的錢，一年後，朱耷寄回了十二冊頁。

畫家們報價，都用這個潤字：報價不叫報價，是所謂「潤例」。

個性瀟灑的大畫家石濤，跟人寫信，討價還價過潤例的問題。十二屏風的畫作要二十四兩銀子，但十二通景屏風卻要五十兩銀子。因為通景畫起來累嘛，價格可是不能打折的。

鄭板橋公開掛過潤例，一幅中尺寸掛軸，潤例四兩銀子——而他老人家一七四八年說過，年景好時，一年賣畫能有上千兩銀子。

考慮到劉姥姥說二十兩銀子就夠莊稼人一年生活了，您也明白啦，那顯然已經不是閒來畫著玩了，得是專業投入，才能有這產量。

那，是這麼回事：

中國畫家，其實也不都那麼閒散蕭然，也是要過日子的。

但畫家大多是讀書人，君子不言利；言了利，格就低，價也打折。

所以一般來說，訂購畫作，得有個中間人，把那些銅臭味十足的事兒抹過去。

委託人得了畫，畫家得了錢，而且賓主盡歡，留了面子。

許多時候，甚至畫作的酬勞不是錢，而是人情或實物。比如：唐伯虎就被請去蘇州富商家裡同吃同住，畫完之後，拿到了古董銅器與絲綢作酬勞——這就是做為一個賓客的姿態，比單是拿錢，要風雅多啦。

這麼折騰實在瑣碎，所以最簡便的途徑，其實是這樣子：

清朝一位女士繆嘉蕙，替慈禧太后畫畫，入宮賞了三品服色。當然，她不只是以畫換功名而已，實際上她所畫的，都被慈禧拿去，署了名，用來賞大臣了——沒錯，她就是慈禧的槍手。

但考慮到三品服色，宮廷富貴，大概也是歷史上最富貴的槍手了。

繆女士這種選擇，細想才是最靠譜的。

就像米開朗基羅和拉斐爾給教宗畫畫得以富貴似的，跟商人們迂迴地玩，還不如直接給上頭畫畫，來錢快。

因為歷來世道，大家都愛欺負有文化的人。

「你個有文化的人，做這點事還要錢？當情懷得了！」

有文化的畫家拉不下臉來跟商人們討價還價，所以只好靠中間人。

要痛快拿錢，怎麼辦呢？得找比你更拉不下臉的人——所以古來畫家富貴者，基本服務的都是貴人或名聲在外的豪富藝術贊助人——大家都是斯文人，誰更拉不下臉，誰就多出一點兒錢嘛！

文房四寶

中國古代文人的書房裡，東西從不嫌多，許多還能成規模。《水滸傳》開篇，當時還沒成為宋徽宗的端王，在小王都太尉家看見個鎮紙，說了聲好。小王都太尉就派高俅送去府上，高太尉就此發跡。一個小鎮紙都能成就一個人呢。

李清照的先生，精研金石，弄得易安居士也成了印章通。其他印盒、水注、筆架、筆洗，不一而足，每樣都能把玩出花樣來。

然而萬變不離其宗，古代文人書房裡千奇百怪，最後都為四樣東西服務，曰：筆墨紙硯，文房四寶。

筆，特指毛筆。拿個炭條當筆作畫，西方人覺得可行，在中國就不大好了。中國勵志傳說裡，多有大賢人少時窮困，買不起筆，用柳樹枝畫沙子來學字的故事。古代文盲率甚高，能不能握管執筆，是否認字，就決定了出身品第，以後的人生遭際，便可能是兩個世界。《鹿鼎記》裡，韋小寶就不會握筆，被陸高軒逼著寫字，結果用握殺豬刀的手法握筆，真是辱沒斯文。

人都說蒙恬始創毛筆，是為筆之祖，然而商朝開始，已有毛筆，只能說蒙恬之世，以柘木為管，鹿毛為柱，羊毛為被，是屬於精製了的毛筆，大概古人們也是在這時候，第一次意識到：毛筆的毛，可以不止一種。《齊民要術》裡說了：青羊毛作筆芯，兔毫毛作筆被，這才能成好筆端呢。

當然到了後世，又不只如此了。軟毫硬毫，狼毫羊毫，金管銀管，竹管木管，所以後世得有筆架。琳琅滿目，掛一溜兒筆待用，也可以說是擺譜。書畫之家，尤重筆毫。潘天壽先生認為羊毫圓細柔順，很好使。蘇軾被貶謫到嶺南，就嫌那裡的筆不得用——應該是嶺南氣候不同，動物的毛髮硬度都不一樣了。

比較傳奇的玩意兒，是所謂鼠鬚筆。王羲之說，傳聞鐘繇就用鼠鬚筆，於是筆有鋒芒。《法書要錄》則說《蘭亭序》是王羲之用鼠鬚筆寫的。後世有名的湖筆，為了保證筆尖，即「湖穎」的整齊，大概每隻山羊身上，才找得出六錢羊毛，可以當鋒穎的。山羊恁大，只得六錢；鼠鬚筆，仔細想想，費功夫更多了。

墨這個字，意思簡直一望而知：上黑下土。上古製墨，是磨石炭；秦漢之後，用松煙、桐煤來製墨。所以漢朝時，松樹多的地方容易出墨。然而單是燒了松木、取了煤灰，寫字很容易塵灰飛揚一臉黑，變成賣炭翁的嘴臉。所以呢，需要工藝來精製了。《齊民要術》裡，煙灰、膠和蛋白要一起合成；到《天工開物》裡，就得桐油、清油或豬油來燒了。各類膠和油的加入，無非想要墨質柔韌。按，秦漢時松煙墨，顏色固然黑，但輕而不夠亮；油煙墨更顯黑亮光澤，適合拿來畫畫。到後世不惜工本的製墨者，還可能往墨裡加白檀、丁香，那就了不起了。

話說還是蘇軾，動手能力真強。晚年被貶到海南島去，閒居無事，恰好有製墨名家潘衡來訪。蘇軾大為驚喜，二人就鑽進小黑屋裡，埋頭製起墨來。燒了松脂，製黑煙灰，搞得烏煙瘴氣，家人也不好管。結果到大半夜，房子火起，沒傷人命，但也把大家燻得灰頭土臉。次日，滿屋焦黑裡，掃出來幾兩黑煙灰。蘇軾奉為至寶，覺得這就是自己製出來的墨了，只是當地沒有好膠，於是蘇軾又有新主意：使了牛皮膠，將黑煙灰凝固了，然而凝得太差，最後散成了幾十段指頭大的墨，真也不堪使用。蘇軾豁達，黑著臉仰天大笑。潘衡就此告辭了。

妙在潘衡回了杭州，自己製了墨——當然比蘇軾那燒了房子的墨高明了萬倍——卻打出招牌，說是蘇軾祕法製的墨。那時杭州人民懷念給他們建了蘇堤的蘇軾，紛紛來買，蘇軾自己在海南島，還不知道自己冠名的墨那麼暢銷呢。

紙，中西都有。西方概念裡，覺得莎草紙、羊皮紙，都算是紙。然而這兩種玩意兒都有問題：莎草紙是莎草莖切成長條薄片，編織放平，然後捶打，用石頭磨光，再上膠——而且只能在一面書寫。討厭的是，這玩意兒只能在乾燥氣候下使，一遇到潮濕，立刻腐壞；羊皮紙倒是兩面都能書寫，問題是：剝羊皮、浸泡、刮毛、晾曬、擦防腐劑，簡直需要一整支屠宰部隊來弄一張紙。

所以東方的紙傳入歐洲，簡直是福音，李約瑟先生毫不猶豫，把紙列為四大發明之一。按，中國造紙術花樣很多，宋朝蘇易簡《紙譜》說：「蜀人以麻，閩人以嫩竹，北人以桑皮，剡溪以藤，海人以苔，浙人以麥莖稻稈，吳人以繭，楚人以楮為紙。」但萬變不離其宗，總是繞著植物纖維打轉兒。蔡倫改良造紙術，用的是樹皮、破布、漁網——還是纖維。左太沖寫《三都賦》，導致洛陽紙貴，可見西元三世紀時，紙書已經很流行了。到唐朝，中國人已經有閒心在紙裡頭摻雜各類花色印紋，做出各類信箋來傳情達意了。

宋朝人已經把紙推廣到了床上。朱元晦拿些紙做的被子，寄給陸游蓋，陸游認為紙被和布衾差不多，而且「白於狐腋暖於綿」。

筆是寫字的工具，墨是字的痕跡，紙是承載墨的載體，文房四寶裡，成品裡最不顯眼的是硯，然而別稱也最多。蘇軾喜歡婺源龍尾山的羅文硯，於是寫了篇《萬石君羅文傳》，都把硯叫成萬石君了。至於其他墨海、墨侯、石友等，不一而足。批《紅樓夢》那位，還叫脂硯齋呢。古代做書童的，尤其要懂得跟硯打交道。如何滴水，如何拿出一錠墨來，如何安腕運指，凝心屏息，磨出主人需要的墨，磨得好，就是有靈性慧根；磨不好，主人搖頭：真是粗人！

文人可以多喜歡硯呢？當年米芾被宋徽宗召去寫字，米芾見天子桌上有個好硯，喜歡上了，就著硯磨了墨，寫完字，抱著硯臺說：「這個硯臺經臣濡染過，不能再侍奉陛下了，請讓我拿走吧。」宋徽宗也是好脾氣，答應了。米芾喜出望外，抱著硯回去，手舞足蹈，宋徽宗只好嘆氣：「都說米芾是米癲，名不虛傳。」

硯需要好石頭。張岱說過個故事：他託朋友秦一生為他找好石頭，自己外出了。秦一生得了塊好石頭，請一個北方朋友看，北方朋友指了指石頭上的白眼說：「黃牙臭口，只配支桌子。」秦一生放棄了，北方朋友趁夜花三十兩銀子，把這石頭買了，就製成了一塊好硯，上頭五小星，一大星，注道：「五星拱月。」張岱自己去看時，燕客捧出硯來，只見那硯赤紅色猶如馬肝，酥潤如玉石，背上隱著白絲形如瑪瑙，面上三星墳起如弩眼，著墨無聲而墨沉煙起——真是好硯臺。可見明朝時，為了好硯，連朋友都得騙呢。

到後來，硯臺也不是為了實用而使了，比如呂留良收藏了二三十方硯，估計也未必用。這方面，蘇軾頗為豁達。傳說黃庭堅打算給他買些新硯臺，蘇軾說：「我只有兩隻手，其中一隻會寫字，要三個硯臺幹麼呢？」

張岱和呂留良們的例子，可見文人們的小問題。文房四寶固然是好，尤其是紙，真是為文明傳遞幫了大忙，但在中國士大夫的書齋裡，連同其他筆洗、筆架、鎮紙等物，越到後來，越成了賞玩之物。精緻細微，作用於感官令人愉悅，塑造出中國文化獨有的書卷之美，但時代的潮流，總是趨向於簡便易用的。二十世紀，受了經史子集教育長大的朱自清先生認為，毛筆的問題，在於不便。毛筆須用硯臺和墨，又不能掛在衣襟上；毛筆寫字，比水筆慢得多。其實近世的鋼筆，乃是文房四寶功能的集合——鋼筆墨水是成品，直接灌入鋼筆中，就省去了硯臺。一支鋼筆一張紙，便能寫字，而且速度快。自然，硬筆書法永遠無法代替軟筆，一如素描和寫意山水永遠是兩個世界，但從實用角度而言，確實快得多了。

所以文房四寶成為一個時代的陳跡和紀念，也並不意外。至於強行懷舊去使之復古，也未必需要。時代是會往前的，而每個時代的文明，是由那個時代獨一無二的氛圍所造就。在二十一世紀使硯臺磨墨，使毛筆寫書法，註定是一種懷舊，時光的駐留畢竟是幻覺，就像紙代替絹冊和竹簡似的。我們能做的，也就是時不時地回頭想一想：世上曾經有過一個無比珍愛文房四寶，並使之蕩漾出雅致文人趣味的時代，這真的很好。

然後，過去的就是過去了。

百無一用是書生？腹有詩書氣自華？

一

「百無一用是書生。」

這句話，好似一枚翻天印。要吵架時，祭將出來，砸讀書人腦門，百發百中，再有學問的，都勢必被打落雲端。

這話當然有其他版本。文雅些的，如《圍城》裡這一段兒吃乾醋：

蘇小姐道：「鴻漸，你學過哲學，是不是？」

趙辛楣喉嚨裡乾笑道：「從我們幹實際工作的人的眼光看來，學哲學跟什麼都不學全沒兩樣。」

不文雅些的，就是歸鄉宴席，長輩們苦口婆心道：「你讀那麼些書，你能找到媳婦兒嗎？」

討論這句話，得問句子原作者黃仲則：

誰讓你對讀書人說這話，散播不良情緒來著？你歧視讀書人嗎，嗯？

然而，脫離上下文說文字，形同耍流氓。故此，我們先看看黃仲則當年這詩，全文如下：

仙佛茫茫兩未成，只知獨夜不平鳴。
風蓬飄盡悲歌氣，泥絮沾來薄倖名。
十有九人堪白眼，百無一用是書生。
莫因詩卷愁成讖，春鳥秋蟲自作聲。

首句自嘆，幹啥啥不成；第二句「不平鳴」，出自韓愈安慰孟郊的話頭，「大凡物不得其平則鳴」。大概黃仲則自己仕途不甚妙，心情大不好。《儒林外史》裡周進考不上，是抱著門板哭；黃仲則文雅點，咱不平，但咱可以出點兒動靜。

第二聯，泥絮，典出「禪心已作沾泥絮，不逐春風上下狂」。後面「薄倖名」就是杜牧那個「十年一覺揚州夢，贏得青樓薄倖名」。咱沒啥功名啊，失意落拓，江湖漂泊。發了會兒牢騷，終於到了第三聯：「十有九人堪白眼，百無一用是書生。」

這裡並不是說，黃仲則被讀書人搶了廣場舞地盤，決定挨個兒拔人家的氣門芯來報復，卻更像是自嘲憤激，自己拿自己尋開心：「我就是讀書人，我沒用，到處遭人白眼！」古來詩人不如意時，都會自嘲。陸游還感嘆「此身合是詩人未」呢，蘇軾還念叨「我為聰明誤一生」呢。看看就行，別當真。

如果光是這麼自嘲一句，黃仲則這詩就失之凌厲，不夠敦厚。好比是考不上大學，就說考生全都都考不上，這牢騷人人會發，但能圓回來，才顯得先生之風，山高水長嘛！

所以最後，黃仲則就圓自己的話了：「莫因詩卷愁成讖，春鳥秋蟲自作聲。」

這裡還是用典，還是按韓愈勸孟郊的說法：「擇其善鳴者而假之鳴：是故以鳥鳴春……以蟲鳴秋。」

所以黃仲則的態度可以歸納為：就算讀了書仕途不順，不進廟堂黃鐘大呂，咱到底還是可以跟蟲子一樣嗚嗚嘛。

如是，這詩可以簡單概括如下：

我功名上沒前途，心情不好；漂泊無根，到處碰壁。讀書人就是被人看不起啊！但是——所有精華部分，都在但是後面——我還是找願意聽我的人（比如我自己），給他鳥鳴春、蟲鳴秋吧。

整體而言，這首詩的情緒是：

我是開不了炸醬麵店……但我可以自己做炸醬麵吃啊！

我是出不了書……但我可以自己寫自己喜歡的東西開心啊！

雖然有自我寬懷的嫌疑，但黃仲則這詩，頹唐悲憤裡，另有灑脫氣象。洪亮吉說黃仲則「嚥露秋蟲，舞風病鶴」。他是病鶴，是秋蟲，但還是可以嚥露，可以舞風。

所以，以後，有人跟你說「百無一用是書生」，你可以直接甩這詩押尾兩句：

「莫因詩卷愁成讖，春鳥秋蟲自作聲。」

我們是不能安邦定國，但我們還是可以發聲呀！

當然，本文重點不在於此。

黃仲則說自己「百無一用是書生」。然而他的歷史地位如何呢？張維屏說他：「夫是之謂天才，夫是之謂仙才，自古一代無幾人，近求之，百餘年以來，其惟黃仲則乎！」

包世臣是個很自信的學者，書法上，「自擬右軍第一人」，但很看得起黃仲則，說他「乾隆六十年間，論詩者推為第一」。

《圍城》裡，董斜川口氣極大，蘇東坡都看不起，但總括起時代來，說他老爹「他到如今還不脫黃仲則、龔定庵那些乾嘉習氣，我一開筆就做的同光體」。也從側面顯出，在他們眼裡，黃仲則是乾嘉詩風代言人了。黃仲則覺得自己不得志，百無一用是書生，但就這麼春鳥秋蟲，讀書寫詩，三十五歲死掉，也成為清一代的大詩人，被當作天才、仙才、六十年間第一人。

這樣一個人，說什麼「百無一用是書生」，那是自嘲罷了。實際上，清朝大才子，都愛這麼玩。

比如趙翼曾經說：「到老始知非力取，三分人事七分天。」一草蜢樂隊肯定不爽：說好三分天註定，七分靠打拚，你怎麼唱反調呢？你一定很失敗吧！

——趙翼不到三十歲入職軍機，下筆千言，倚馬可待。三十四歲去考試，本來要擬狀元，乾隆認為清代陝西還沒狀元呢，取了他第三。老來完成了《廿二史劄記》這種巨著，論學術成就，清朝算極優秀；論詩，則與同時代袁枚、張問陶並列。

勤奮、學問、成就和才華，趙翼都足夠。這麼個成就豐沛的老頭，卻說什麼「三分人事七分天」，這是什麼呢？還是自嘲。

自嘲所以動人，是因為特殊的人說出來了。黃仲則有資格拿自己尋開心，百無一用是書生；趙翼有資格做結論，三分人事七分天。他們說這話不會有反智的嫌疑，因為他們的成就書之竹帛，無可替代了。

何況他二人自嘲完了，也沒自暴自棄呀，還是該寫詩寫詩，該著書著書去了，「我們就是春鳥秋蟲，要鳴」。

所以了，「百無一用是書生」、「三分人事七分天」。

這種看著負能量的句子，都出自名留史冊、跨了時代的巨人，自己發發感慨：哎呀我們讀書人真沒用啊，哎呀努力還是鬥不過天分呀——這種話，是他們那境界的學霸才有資格說的。我們大多數普通人，努力一輩子，也就是為了爭取一點兒資格，讓自己有一天有底氣說：「唉，讀書其實也沒啥用」、「說到底還是要靠天分啊」，而已。

就像只有到比爾．蓋茲那境界，才好意思說「有錢頂個鳥用」。

二

「腹有詩書氣自華。」

這句話單看，似乎是給讀書人撐腰的。

當然還是老規矩，不能脫離上下文。原句是：「粗繒大布裹生涯，腹有詩書氣自華。」這是作者寫來誇讚陝西朋友董傳的。

——衣服簡樸，看去窮愁。但肚裡有詩書，氣度自然華貴。這裡還有個對比的效果。即，氣度高下，不看衣服，看內涵學問。氣度學問比衣服外物更體現內涵，方是重點。

這麼說一定有人不滿意。一定有人覺得，寫「腹有詩書氣自華」的人，準是個仗著有點兒文化，就自鳴得意的窮酸吧？再怎麼吹腹有詩書氣自華，窮光蛋能好到哪裡去？就這麼抬高文化的作用嗎？

沒錯，實際上寫這句話誇董傳的人，確實一輩子都沒什麼積蓄，沒享過大福。

四十來歲時，為了規定自己不買東西，需要把銅錢掛在房梁上，要用時才拿下來——好阻止自己購物。

送女婿出門，沒有酒，只好勸女婿喝一杯泉水。

薪水很低時，自己開田貼補家用，還發明了蘿蔔飯。

家裡買不起肉，就少吃飯；買不起車，就多蹓躂，安慰自己說對健康有益。

想起故鄉時，就念叨薺菜配肥白魚，考慮青蒿和涼餅的問題。

理想就是春天睡醒之後起床，穿了鞋子，踏著田，去採新鮮野菜做飯吃。

自己念叨說山間清風，江上明月，都是免費的，高興得不得了。

喜歡睡午覺。喜歡去和尚廟裡蹭熱水洗澡。

喜歡賴床。認為人生最美的，就是早起梳了頭，然後睡回籠覺。

沒有米了，就盤算房東明天要打牙祭，嘿嘿嘿，我可以蹭他的雞吃。

跟任何人，和尚道士、乞丐小官、醉漢農民，都坐得下來聊。

愛講冷笑話。

喜歡熱水泡腳。

自己企圖製作墨，把房子差點燒了。

自己釀酒，引發了家裡人腹瀉。

爬山，看到亭子了，想歇腳，爬不上去，忽然一轉念：哪兒不能歇呢？哎呀真是偷懶都有好心得啊！就高興地坐下來了。

他還很無聊地，將上面這些都寫下來了。

這人確實一輩子都不富裕，哪兒都安不下家。

但最後他的人生，就用以上這些窮巴巴的日子，證明了肚子裡有詩書，氣度是可以很自在雍容的。

他的經歷，加上他的名字，本身就夠證明，再怎麼窮愁，一個人的確可以做到「腹有詩書氣自華」了。

只要飽讀詩書，什麼亂七八糟的日子，都能過出滋味和氣度來。

他叫蘇軾。

讀史有什麼用呢？

讀史有什麼用呢？

戰國燕昭王時，以黃金臺招賢士——陳子昂後來懷才不遇，於是「前不見古人，後不見來者」，就是在這裡嘆出來的——招到了樂毅，統率五國兵，取齊七十餘城，幾乎將齊連鍋端了。引得後來山東人諸葛亮自比管仲樂毅，說明樂毅這一戰給齊地的人，留下了極深的印象。

燕昭王過世，燕惠王接位，中了齊國的反間計，以騎劫代樂毅。樂毅知道有麻煩，逃亡去了趙國。

此後田單基本恢復了齊國國境，燕惠王不知是後悔還是嫉恨，再召樂毅來。樂毅寫了文采斐然的回信拒絕，末尾一段，還成了名句：「君子交絕，不出惡聲。」

妙在中間，有這麼一段：

臣聞，善作者不必善成，善始者不必善終。昔者伍子胥說聽乎闔閭，故吳王遠跡至郢。

夫差弗是也，賜之鴟夷而浮之江。故吳王不悟先論之可以立功，故沉子胥而弗悔；子胥不蚤見主之不同量，故入江而不改。

——當年伍子胥被吳王闔閭信任時，吳國可以打下楚國首都，成就功業；伍子胥不被信任時，就被吳王夫差弄死了。伍子胥沒早發現苗頭，才會死啊。

——這裡樂毅引經據典，說得客氣，其實是說：自己怕被換屆君主鳥盡弓藏，所以嘛，逃走啦！

——這說明讀史還是很有用的，關鍵抉擇時，可以當作例子，拿來保命啊。

袁紹年少時，和曹操論說志向。那時他二位自然不知道多年後要角逐天下，說起話來彷彿如今學生在校園宿舍裡臥談吹牛，百無禁忌。袁紹說他要占據河北，靠地利南向爭天下，曹操說他要任用天下智謀之士，無所不可。

《傅子》補充道，曹操還多了一句，大意是：商湯、周武王這種聖賢，也不是一片土地出來的嘛。如果太依賴地利險固，就無法隨心所欲地變化了。

曹操手不釋卷愛讀書的優勢，這時就顯出來了。後來的歷史演進，也果然如他所言。

話說，古代還有人，拿小說當歷史看，然後學戰略的。清人王嵩儒《掌故零拾・卷一》：「本朝為入關之先，以翻譯《三國演義》為兵略。」——清朝開國諸位，那是真喜歡讀《三國演義》啊。——甚至讀多了三國，也能拿來捏典故。雍正皇帝登基後，把他兩位幫大忙的重臣年羹堯和隆科多都做掉了。隆科多的罪名之一：

以聖祖升遐，隆科多未在上前，妄言身藏匕首以防不測；又自擬諸葛亮，奏稱：白帝城受命之日，即死期將至之時。

意思是，隆科多居然敢自比白帝城受託孤的諸葛亮，哼！

三國時的王平，南北朝的楊大眼，都不識字，便讓人讀書給他們聽，瞭解點兒意思，好實際應用，融會貫通。好玩兒的是，他們讀書，並不讀詩詞文章，而多讀「書史」。關羽著名的挑燈夜讀《春秋》，其實是愛讀《左傳》。說穿了，也是歷史書。

梁啟超先生說過句有些偏激的話：說中國傳統史書，都是帝王家傳。看看《史記》，本紀、世家、列傳，都是君王、諸侯、大臣們的故事。最多有點〈俠客列傳〉、〈滑稽列傳〉，只是點綴。都說歷史是人民書寫的，但中國傳統史書裡，老百姓的影子並不多。我們老百姓讀史書，也就是聽個八卦，當個故事段子聽，嘆口氣，也就過去了，說不定還古今多少事都付笑談中。

而大人物讀傳統史書，卻是著實當行為準則讀的，比如樂毅，比如曹操。畢竟對他們而言，歷史書這些王侯將相的家傳，對老百姓沒意義，對他們，卻是現成的業界教科書啊。

當然，史書與史書，那也有區別。

開句玩笑話，讀個人列傳多了，您會熱血沸騰，想屁股一抬離開椅子，去當俠客、辯士或刺客。

讀編年史多了，您的屁股又坐回來了，會考慮做改天換地的大事之前，先學一點兒邏輯思辨。

譬如讀《史記》，這裡一篇〈項羽本紀〉，宣傳項羽如何揍劉邦；後面一篇〈高祖本紀〉，說劉邦如何得天下。每傳各有主人。司馬遷可以一邊誇廉頗，一邊誇白起；一邊寫蘇秦，一邊寫張儀。《史記》裡還有〈滑稽列傳〉，講擅長諷喻的優伶；〈俠客列傳〉，講以武犯禁的俠客；〈刺客列傳〉，講荊軻、聶政那些人。所以《史記》的紀傳體，傳奇色彩濃烈，帝王地位崇高，但不是唯一視角。我們普通人讀讀，也覺得五彩繽紛。

而《資治通鑑》，書名四個字，宋神宗給起的。「有鑒於往事，以資於治道。」既然立足點跟治理有關，英雄傳奇色彩，就沒那麼明顯了。

《資治通鑑》的原初精神，效仿的是《春秋》，是《左傳》啊。編年體歷史與紀傳體著重點不同。後者傳奇跌宕，讓人感嘆個體命運；前者更多是時間序列嚴謹的殘酷真相。

司馬光大才，當然也記錄些逸事，《資治通鑑》也的確無所不包：禮樂歷數、天文地理。但大體上最主要的，還是政治、軍事與統治者道德的部分。還時時夾雜「臣光言」，來給點兒閱讀指導，生怕天子沒讀明白。

比如，您唯讀《史記》，很難感受到戰國初期，魏如何由強變弱，司馬錯和張儀伐蜀或伐韓的論證如何決定秦國命運，齊國與關東各國如何慢慢出了外交問題——這種一環扣一環的「同期歷史感」，是得看通史的。

一個眾所周知的戰國傳奇：龐涓廢了孫臏的膝蓋，孫臏去了齊國當軍師；田忌賽馬，孫臏為田忌出謀劃策贏了賽馬，田忌後來為將，孫臏為軍師，馬陵道伏兵射殺龐涓，永久性地削弱了魏國。

在《史記·吳起孫子列傳》裡，打贏了龐涓後，這麼結尾：

齊因乘勝盡破其軍，虜魏太子申以歸。孫臏以此名顯天下，世傳其兵法。

好啦，結束啦！田忌加孫臏搭檔打出了大團圓結局，出了一口鳥氣，弄死了龐涓，善有善報，惡有惡報，仇也報了，名也出了——龐涓臨死前都說了，「遂成豎子之名！」大家一起為田忌、孫臏鼓掌吧！

——這就是英雄傳奇紀傳體風格。

然而，在《史記·田敬仲完世家》裡，這個故事就有其他的後續了，但顯然沒上頭這個有名。

《資治通鑑·周顯王二十八年》，更如此陰颼颼地描述這件事的始末：

齊因乘勝大破魏師，虜太子申。

成侯鄒忌惡田忌，使人操十金，卜於市，曰：「我，田忌之人也。我為將三戰三勝，欲行大事，可乎？」卜者出，因使人執之。

田忌不能自明，率其徒攻臨淄，求成侯。不克，出奔楚。

許多人都知道孫臏田忌破龐涓的傳奇，卻會忽略破了龐涓的當年，田忌立刻倒了楣。螳螂捕蟬黃雀在後，鄒忌——就是對城北徐公是否很俊美耿耿於懷的那位諷諫齊王的鄒忌了——給田忌使壞，把他逼到了楚國。

傳奇英雄大功之後，卻不得善終。忽然間，這個故事又顯得悲傷了。

這就是編年體風格，有別於列傳。更冷冽，更現實，沒有紀傳體那麼浪漫歡樂。英雄自有業績，然而時間之輪一環扣一環地前進，每個傳奇人物最後，都可以是歷史的棋子。

在無情的時間序列下，是非成敗，一目瞭然。

所以了，讀紀傳體歷史，包括稗官野史，很容易覺得個人奮鬥和命運巧合比較重要。而讀了編年體通史，就會感覺到歷史的進程，才是真正車輪滾滾，碾壓一切英雄，是非成敗轉頭空啊。

國家圖書館出版品預行編目（CIP）資料

歷史傳奇裡，那些意想不到的細節 / 張佳瑋著 . -- 初版 . -- 新北市 : 晶冠, 2020.08
面； 公分 . --（新觀點系列；15）

ISBN 978-986-98716-5-5(平裝)

1. 世界史 2. 通俗作品

711 109008608

新觀點 15

歷史傳奇裡，那些意想不到的細節

作　　者　張佳瑋
行政總編　方柏霖
責任編輯　王逸琦
封面設計　李純菁
出版企劃　晶冠出版有限公司
總 代 理　旭昇圖書有限公司
電　　話　02-2245-1480（代表號）
傳　　真　02-2245-1479
郵政劃撥　12935041 旭昇圖書有限公司
地　　址　235 新北市中和區中山路二段 352 號 2 樓
E-MAIL　s1686688@ms31.hinet.net
旭昇悅讀網　http://ubooks.tw
印　　製　福霖印刷有限公司
定　　價　新台幣 320 元
出版日期　2020 年 08 月 初版一刷
ISBN-13　978-986-98716-5-5

作品名稱：《歷史與傳奇》
作者：張佳瑋